Schmidthausen
Prause
Huesmann
Benen
Martin

Arbeitsheft HöHa – *kompetenzorientiert*

Klasse 12

Betriebswirtschaftslehre mit Rechnungswesen

Merkur
Verlag Rinteln

Wirtschaftswissenschaftliche Bücherei für Schule und Praxis
Begründet von Handelsschul-Direktor Dipl.-Hdl. Friedrich Hutkap †

Verfasser:

Michael Schmidthausen, Duisburg
Petra Prause, Duisburg
Manfred Huesmann, Oerlinghausen
Dr. Dieter Benen, Bielefeld
Michael Martin, Kißlegg

* * * * *

4. Auflage 2026

Gesamtherstellung:
Merkur Verlag Rinteln Hutkap GmbH & Co. KG, 31735 Rinteln

E-Mail: info@merkur-verlag.de
lehrer-service@merkur-verlag.de
Internet: www.merkur-verlag.de

Merkur-Nr. 1621-04
ISBN 978-3-8120-1242-3

Vorwort

Das Arbeitsheft richtet sich exakt nach dem aktuellen **Bildungsplan für die Höhere Berufsfachschule („HöHa")**, Bereich Wirtschaft und Verwaltung, Betriebswirtschaftslehre mit Rechnungswesen, in Nordrhein-Westfalen. Es umfasst die **Handlungsfelder 4 (Anforderungssituation 4.2) bis 7**. Für die Handlungsfelder 1 bis 4 (Anforderungssituation 4.1) steht das Merkur-Arbeitsheft 1620 zur Verfügung.

Die **Handlungsfelder** des Bildungsplans werden **in Form von Lernsituationen konkretisiert**. Das Arbeitsheft vertieft auf diese Weise den Gedanken der Kompetenzorientierung (situationsbezogen – problemorientiert – kompetenzfördernd), dokumentiert aufgrund seines Workbook-Charakters den Kompetenzerwerb und entlastet die Lehrkraft hinsichtlich Unterrichtsvorbereitung, Kopieraufwand und didaktischer Jahresplanung.

Schulbuch S. xxx–xxx

Die Lernsituationen des Arbeitsheftes sind passgenau mit dem **Merkurbuch 0621** (Schulbuch „BWL mit Rechnungswesen – kompetenzorientiert, Bd. 2 – Klasse 12", 4. Auflage 2024) abgestimmt. Daher wäre ein **paralleler Einsatz ideal.** Denkbar ist jedoch auch die Kombination mit anderen BWR-Büchern.

Ausgangspunkt für die Lernsituationen sind die Modellunternehmen des fiktiven **Gewerbeparks Soest**, der im Merkurbuch 0621 näher vorgestellt wird. Während in den **Handlungsfeldern 4** („Absatz") **und 5** („Personal") die **Soester Büromöbel AG** (ein Industriebetrieb) Ausgangspunkt für die Situationen ist, wird für die **Handlungsfelder 6** („Investition und Finanzierung") **und 7** („Wertströme") bewusst der branchenübergreifende konzeptionelle Ansatz genutzt, indem an die **betrieblichen Problemstellungen unterschiedlicher Modellunternehmen** herangeführt wird. Das breite Spektrum der Investitions- und Finanzierungsprozesse sowie der Kosten- und Leistungsrechnung kann auf diese Weise **realitätsnah** und **plausibel** abgedeckt werden.

Im Sinne eines kompetenzorientierten Unterrichts beginnen die Lernsituationen jeweils mit einem **situationsbezogenen** und in der Regel problemorientierten Einstieg. Angeleitet durch die darauf folgenden Arbeitsaufträge sollen die Schülerinnen und Schüler zunächst das vorgegebene **Problem selbstständig lösen** und schließlich zu einer vertiefenden Auseinandersetzung mit dem jeweiligen (Teil-)Geschäftsprozess gelangen. Das hierfür notwendige **Informationsmaterial** kann am besten mithilfe des Merkurbuches 0621 beschafft werden, Seitenverweise erleichtern hier die Recherche.

Ein hervorgehobenes Ziel ist es bei der Erstellung dieses Bandes gewesen, **methodische Vielseitigkeit** zu gewährleisten. Um der Intention des Bildungsplans gerecht zu werden, sollten die Lernsituationen **im Idealfall Stück für Stück** in der vorgegebenen Reihenfolge durchgearbeitet werden. Jede Lernsituation „funktioniert" jedoch in der Regel auch für sich genommen, sodass die Situationen **bei Bedarf auch punktuell** eingesetzt werden können.

Die Entscheidung, ob die Lernsituationen in **Einzel-, Partner- oder Gruppenarbeit** bearbeitet werden, wollen wir jeder Lehrkraft gerne selbst überlassen.

An einigen Stellen fordert das Autorenteam mit seinen Arbeitsaufträgen bewusst dazu auf, „über den Tellerrand zu schauen". Im Einklang mit den Ansprüchen an einen differenzierten Unterricht sind an diesen Stellen **anspruchsvolle Transferleistungen** gefragt. Diese Arbeitsaufträge werden mit dem nebenstehenden Symbol gekennzeichnet.

Duisburg, im Sommer 2026

Die Verfasser

Inhaltsverzeichnis

DIE SOESTER BÜROMÖBEL AG KENNENLERNEN

HANDLUNGSFELD 4: ABSATZ

Anforderungssituation 4.2

HANDLUNGSFELD 5: PERSONAL

Anforderungssituation 5.1

Anforderungssituation 5.2

Anforderungssituation 5.3

Anforderungssituation 5.4

Handlungsfeld 6: Investition und Finanzierung

Anforderungssituation 6.1

Handlungsfeld 7: Wertströme

Anforderungssituation 7.1

Die Soester Büromöbel AG kennenlernen

Situation:

Die Soester Büromöbel AG, ein Industrieunternehmen in Westfalen, produziert moderne Büromöbel. Das Unternehmen befindet sich im Soester Gewerbepark. Die Soester Büromöbel AG wendet sich mit ihren Produkten an Unternehmen sämtlicher Branchen. Privatpersonen zählen bislang nicht zu der anvisierten Zielgruppe, wenngleich mittlerweile ein Onlineshop existiert. Der Vertrieb der Büromöbel erfolgt überwiegend auf direktem Absatzweg an Kunden in ganz Deutschland. Vereinzelt werden auch exklusive Büroeinrichtungshäuser beliefert.

Die Soester Büromöbel AG ist seit mehreren Jahren auf dem Markt für Büromöbel eingeführt und behauptet sich dort erfolgreich gegen ihre Wettbewerber. Hervorgegangen ist die Soester Büromöbel AG aus der von Daniel Stein, Karin Brand und Klaus Meier gegründeten SBM Büromöbel OHG, die später unter neuem Namen in eine Aktiengesellschaft umgewandelt wurde.

SB Soester Büromöbel AG

Anschrift:

Soester Büromöbel AG
Industriepark 5
59494 Soest

Telefon, Telefax und E-Mail:

Telefon: 02921 3879-0
Telefax: 02921 3879-1
E-Mail: info@sbmag.de

Bankverbindung:

Commerzbank Soest
IBAN: DE86 4144 0018 0006 7523 04
BIC: COBADEFF414

Sparkasse Soest
IBAN: DE30 4145 0075 0000 6375 26
BIC: WELADED1SOS

Die Produkte werden nach Kundenauftrag gefertigt. Das derzeitige Produktionsprogramm umfasst insbesondere folgende Produktgruppen:

Produktgruppe I:	Schreibtische
Produktgruppe II:	Bürostühle
Produktgruppe III:	Büroschränke

Innerhalb einer Produktgruppe sind verschiedene Modelle erhältlich.

Die Produkte werden überwiegend in Serie gefertigt. Wenn vom Kunden gewünscht, werden jedoch auch Spezialanfertigungen hergestellt.

Die Zahl der Mitarbeiter hat in den vergangenen Jahren aufgrund der positiven Geschäftsentwicklung stetig zugenommen.

Zurzeit sind ca. 420 Mitarbeiter bei der Soester Büromöbel AG beschäftigt.

Die Soester Büromöbel AG ist gemäß dem Stabliniensystem aufgebaut. Der Vorstand besteht aus drei Mitgliedern.

Dem Vorstand unterstehen die vier Bereichsleiter. Diese sind den Abteilungsleitern ihrer Bereiche gegenüber weisungsbefugt, die wiederum nur ihren Mitarbeitern Weisungen erteilen dürfen. Darüber hinaus gibt es zwei Stabsabteilungen, die den Vorstand beraten. Deren Leiter sind den Bereichsleitern nicht weisungsbefugt.

Das nachfolgende Organigramm (Material 1) verdeutlicht die Aufbauorganisation der Soester Büromöbel AG.

Material 1: Organigramm der Soester Büromöbel AG

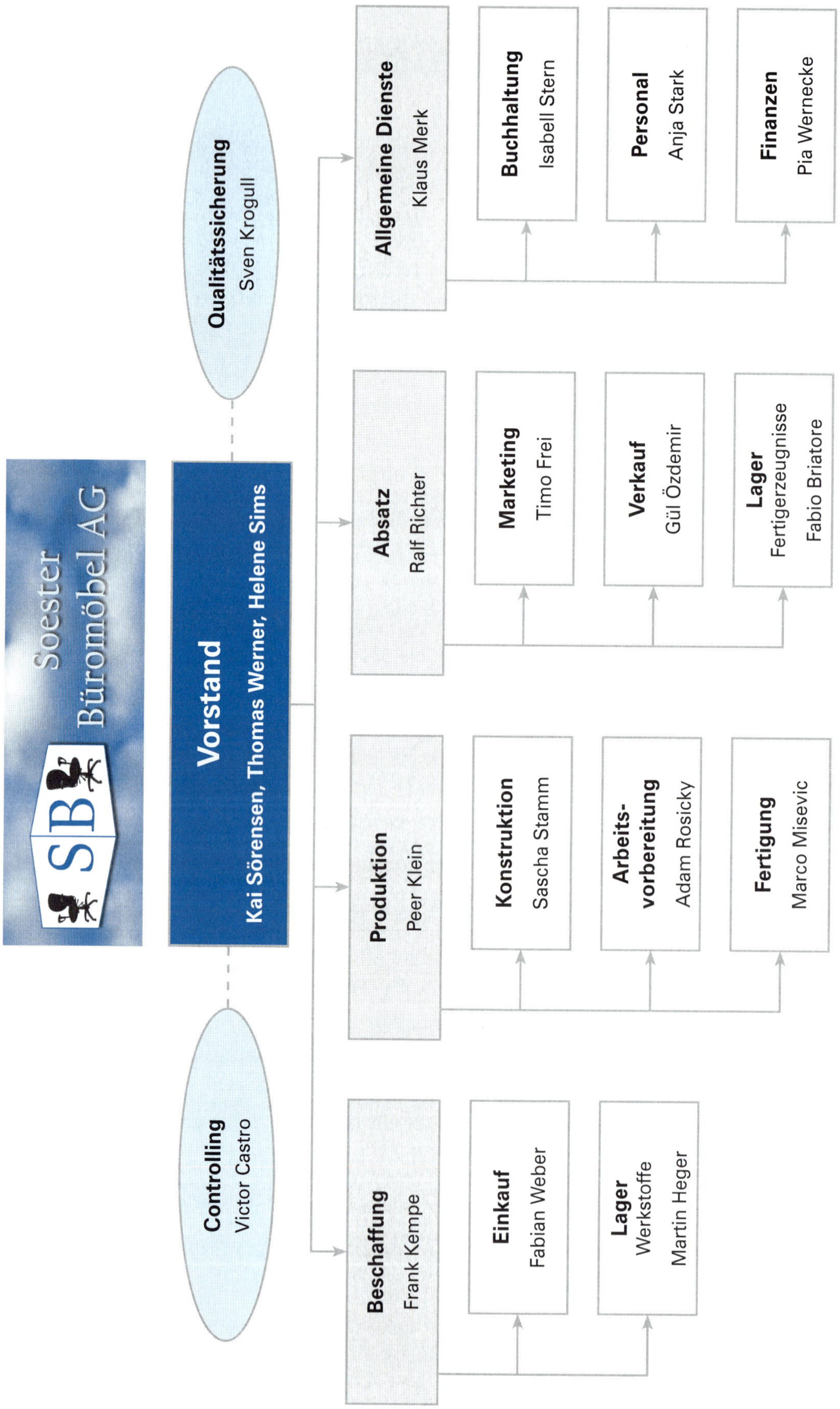

Arbeitsauftrag:

Verschaffen Sie sich einen Überblick über die Soester Büromöbel AG. Nutzen Sie hierzu das folgende Auswertungsformular.

Material 2: Auswertungsformular

Auswertung

Soester Büromöbel AG

1. Unternehmensart: ➤ ____________________
2. Branche: ➤ ____________________
3. Produktgruppen ➤ ____________________
   ➤ ____________________
   ➤ ____________________
4. Gesellschaftsform (Rechtsform): ➤ ____________________
5. Hervorgegangen aus: ➤ ____________________
6. Standort: ➤ ____________________
7. Verkaufsgebiet: ➤ ____________________
8. Vertriebsweg: ➤ ____________________
9. Kundenzielgruppe: ➤ ____________________
10. Fertigung: ➤ ____________________
    ____
11. Zahl der Mitarbeiter: ➤ ____________________
12. Aufbauorganisation: ➤ ____________________
    - ________ Vorstand
    - ________ Bereiche
    - ________ Abteilungen
    - ________ Stabsabteilungen mit ____________ Funktion

Anforderungssituation 4.2

Schulbuch S. 35–41

1 Den Geschäftsprozess „Von der Kundenanfrage bis zum Versand" abwickeln

Situation:

Marcel Kruse ist bei der Soester Büromöbel AG als Verkaufssachbearbeiter in der Verkaufsabteilung tätig. Am Morgen des 15.03.20.. liegt folgendes Schreiben auf seinem Schreibtisch:

SB Soester Büromöbel AG

Pro Secura AG
Versicherungsgesellschaft

Pro Secura AG | Theresienstraße 30 | 90403 Nürnberg
Soester Büromöbel AG
Industriepark 5
59494 Soest

Ihr Zeichen:
Ihre Nachricht vom:
Unser Zeichen: wo
Unsere Nachricht vom:

Name: Werner Wolf
Telefon: 0911 463–45
Telefax: 0911 463-1
E-Mail: w.wolf@prosecura.de

Datum: 10.03.20..

Anfrage

Sehr geehrte Damen und Herren,

durch die Empfehlung eines unserer Stammkunden sind wir auf Ihr Unternehmen aufmerksam geworden.

Wir sind eine erfolgreiche expandierende Versicherungsgesellschaft mit Stammsitz in Nürnberg.

Für unsere neue Verwaltung in Köln, die am 01.05.20.. bezugsfertig wird, benötigen wir hundertzwanzig hochwertige Bürostühle mit schwarzem Lederbezug, die modernsten ergonomischen Anforderungen entsprechen.

Wir beabsichtigen, in nächster Zeit auch unsere 500 Zweigstellen mit derartigen Stühlen auszustatten, und können Ihnen daher weitere Aufträge in Aussicht stellen, wenn Ihr Produkt unseren Vorstellungen entsprechen sollte.

Bitte unterbreiten Sie uns ein ausführliches Angebot mit allen relevanten Informationen.

Mit freundlichen Grüßen

Pro Secura AG

i.A. Werner Wolf

Arbeitsaufträge:

Herr Kruse ist für den Geschäftsprozess „Von der Kundenanfrage bis zum Versand“ verantwortlich, d. h., er ist Ansprechpartner für sämtliche Wünsche des Kunden.

1. Nennen Sie die Art der Anfrage, um die es sich im vorliegenden Fall handelt.

___

___

2. Der oben genannnte Geschäftsprozess vollzieht sich in mehreren Teilschritten, die von Mitarbeitern aus verschiedenen Abteilungen bearbeitet werden. Bringen Sie folgende Tätigkeiten in die richtige Reihenfolge und benennen Sie jeweils die für die Bearbeitung zuständige Abteilung. **Annahme:** Es handelt sich um Lagerware.

Zahlungseingang überwachen	Anfrage entgegennehmen	Rechnung dem Produkt beilegen und versenden	Lagerbestände prüfen	Rechnung erstellen und buchen
Kundenbestellung entgegennehmen	prüfen, ob Angebot und Bestellung übereinstimmen	Angebot erstellen	Zahlungseingang buchen	bestellte Artikel versandfertig machen

Von der Kundenanfrage bis zur Buchung des Zahlungseingangs		
Nr.	**Tätigkeiten**	**Abteilung**
1		
2		
3		
4		
5		
6		
7		
8		
9		
10		

3. Erstellen Sie mithilfe von Material 1 bis Material 3 ein verbindliches Angebot für die Pro Secura AG.

4. Am 24.03.20.. bestellt die Pro Secura AG bei der Soester Büromöbel AG 120 Bürostühle zu den im Angebot genannten Konditionen. Berechnen Sie, welchen Betrag die Pro Secura AG unter der Annahme überweisen muss, dass die Bürostühle geliefert werden sollen und die Summe 5 Tage nach Rechnungsdatum beglichen wird.

5. Nennen Sie für die nachfolgenden Fälle die jeweilige Art des Preisnachlasses. Tragen Sie die entsprechende Ziffer ein.

① = Skonto
② = Bonus
③ = Treuerabatt
④ = Personalrabatt
⑤ = Naturalrabatt (Draufgabe)
⑥ = Naturalrabatt (Dreingabe)

Die Mitarbeiter der Sport Burr KG erhalten auf sämtliche Sportartikel einen Rabatt von 10 %.	
Die Kramer GmbH gewährt Kunden, die ihre Rechnungen innerhalb von 14 Tagen nach Rechnungsdatum bezahlen, einen Preisnachlass von 3 %.	
Die Schmidt OHG ist seit vielen Jahren Kunde der Weber Metallbau GmbH und erhält daher auf alle Bestellungen einen Preisnachlass von 2 %.	
Kunden, die im Jahr für mehr als 20 000,00 EUR einkaufen, erhalten am Jahresende eine Gutschrift in Höhe von 2 % vom Bestellwert.	
Stefan Osann e. Kfm. liefert an die Klug AG gemäß Bestellung 100 Pakete Kopierpapier. In Rechnung gestellt werden nur 95 Pakete.	
Die Sport Herz KG bestellt bei der Sport Burr KG 20 Snowboards zum Preis von 2 200,00 EUR. Geliefert werden zum gleichen Preis 22 Snowboards.	

6. In Kaufverträgen muss festgehalten werden, wer die Beförderungskosten tragen soll. Um die Angelegenheit zu vereinfachen, werden häufig Versandklauseln verwendet, die Aufschluss darüber geben, wer – Verkäufer, Käufer oder beide – die Versandkosten tragen soll. Zu den Beförderungskosten zählen insbesondere Rollgeld (für den Vor- und Nachlauf), Fracht, Verlade- und Entladekosten. Berechnen Sie anhand eines exemplarischen Transports von 60 Büroschränken (= eine komplette Lkw-Ladung) von Soest nach Dresden die anteiligen Versandkosten, die Verkäufer und Käufer bei folgenden Vereinbarungen zu tragen haben:

Vereinbarungen	Verkäufer	Käufer
ab hier		
ab Fabrik		
ab Bahnhof		
frei Bahnhof		
ab Werk		
frei Haus		

Informationen:

Rollgeld (für den Vor- und Nachlauf)	jeweils 150,00 EUR
Frachtkosten	800,00 EUR
Verlade- und Entladegebühren	jeweils 60,00 EUR

7. Nehmen Sie an, Sie hätten in der Vergangenheit Schwierigkeiten mit einem Kunden bezüglich dessen Zahlungsmoral gehabt. Stellen Sie dar, welche Zahlungsbedingung sich in diesem Fall anbietet.

Material 1: Auszug aus dem Produktprogramm

Produkt-gruppe	Produkt Art.-Nr.	Produktbeschreibung	Listenverkaufs-preis*
5	Visit A-1400100 A-1400101 A-1400102	Konferenzstuhl; Rahmen pulverbeschichtet; mit Armlehnen; Sitz und Rücken umpolstert; Stoffbezug wahlweise in blau, lichtgrau oder graphit; stapelbar	68,00 EUR
	Meeting A-1401100	Konferenz- und Seminarstuhl verchromt; ohne Armlehnen; Formschale aus massiver Buche; verkettbar und stapelbar; Gleiter; Stoffbezug	88,00 EUR
6	Smile A-1500100	Bürostuhl mit Armlehnen; ergonomischer Muldensitz; Kopfstütze und Rückenlehne verstellbar; Synchronmechanik; Sicherheitsrollen; Stoffbezug	182,00 EUR
	Verdan A-1501100	Bürostuhl mit Ring-Armlehnen; Bandscheibensitz; höhenverstellbare Rückenlehne mit Formschaumpolsterung; Stoffbezug	256,00 EUR
	Tergo A-1502100	Bürostuhl mit verstellbarer Armlehne; verstellbare Sitzhöhenmechanik; ergonomischer Muldensitz; verstellbare Rückenlehne mit Nackenstütze; schwarzer Lederbezug	364,00 EUR

* Alle Preise verstehen sich zuzüglich 19 % Umsatzsteuer (USt).

Material 2: Auszug aus den Allgemeinen Geschäftsbedingungen

Kapitel Geschäftsbedingungen

SB Soester Büromöbel AG

Bürostühle

- Rabatt: 10 % Mengenrabatt bei Abnahme von mindestens 50 Stück
- Lieferungsbedingungen:
  - Verpackung: 5,00 EUR je Bürostuhl
  - Beförderung: Lieferung ab Werk

    Hier stehen zwei Alternativen zur Auswahl:
    1. Der Kunde holt die Ware selber ab
    2. Wir organisieren den Transport
Kosten für den Käufer 2 % vom Auftragswert (Listenverkaufspreis brutto je Stück x Stückzahl abzgl. in Anspruch genommener Rabatt)
- Zahlungsbedingungen: zahlbar innerhalb von 14 Tagen nach Rechnungsdatum unter Abzug von 2 % Skonto oder 30 Tage netto Kasse
- Lieferzeit: 4 Wochen
- Erfüllungsort (Ware): Firmensitz in Soest
- Gerichtsstand (Ware): Amtsgericht bzw. Landgericht Soest

Material 3: Vordruck Geschäftsbrief

SB Soester Büromöbel AG

Ihr Zeichen:	wo
Ihre Nachricht vom:	10.03.20..
Unser Zeichen:	kru
Unsere Nachricht vom:	
Name:	Marcel Kruse
Telefon:	02921 3879–77
Telefax:	02921 3879–10
E-Mail:	kruse@sbmag.de
Datum:	20.03.20..

Angebot Nr. 378 665

Soester Büromöbel AG
Industriepark 5, 59494 Soest
Registergericht Soest HRB 84759
USt-ID Nr. DE 68 837 465
Vorstand: Kai Sörensen (Vorsitzender), Thomas Werner, Helene Sims
Vorsitzende des Aufsichtsrats: Sarah Kern

Bankverbindungen:
Commerzbank Soest
IBAN: DE86 4144 0018 0006 7523 04 BIC: COBADEFF414
Sparkasse Soest
IBAN: DE30 4145 0075 0000 6375 26 BIC: WELADED1SOS

Soester Büromöbel AG

Fortsetzung:

Soester Büromöbel AG
Industriepark 5, 59494 Soest
Registergericht Soest HRB 84759
USt-ID Nr. DE 68 837 465
Vorstand: Kai Sörensen (Vorsitzender), Thomas Werner, Helene Sims
Vorsitzende des Aufsichtsrats: Sarah Kern

Bankverbindungen:
Commerzbank Soest
IBAN: DE 86 4144 0018 0006 7523 04 BIC: COBADEFF414
Sparkasse Soest
IBAN: DE 30 4145 0075 0000 6375 26 BIC: WELADED1SOS

Schulbuch S. 45–49

2 Einen Kaufvertrag abschließen

Situation:

Aufgrund einer Anfrage der Autohaus Franken OHG über die Lieferung von Schreibtischen erstellt Herr Kruse ein entsprechendes Angebot und sendet es auf dem Postweg an den potenziellen Kunden. Einige Zeit später liegt die Bestellung der Autohaus Franken OHG auf seinem Schreibtisch.

SB Soester Büromöbel AG

Arbeitsaufträge:

1. Beurteilen Sie anhand von Angebot und Bestellung (Material 1 und Material 2), ob im vorliegenden Fall ein Kaufvertrag zwischen der Soester Büromöbel AG und der Autohaus Franken OHG zustande gekommen ist.

____

____

____

____

____

____

2. Herr Hermann, bei der Soester Büromöbel AG zuständig für die Reklamationsabwicklung, bestellt am 20.03.20.. im Internet beim Buchhändler Meier e.Kfm. die aktuelle Ausgabe eines Fachbuchs zum Thema Kaufvertragsstörungen. Noch am gleichen Tag erhält er per E-Mail die Auftragsbestätigung. Am 22.03.20.. wird das Buch mangelfrei geliefert. Begründen Sie, ob ein Kaufvertrag zustande gekommen ist.

____

____

____

____

3. Vervollständigen Sie das nachfolgende Schaubild:

Zustandekommen des Kaufvertrags

durch	**Willenserklärung 1**	+	**Willenserklärung 2**
Alternative 1	______ durch den Verkäufer		______ durch den Käufer
Alternative 2	______ durch den Käufer		______ durch den Verkäufer

4. Prüfen Sie, ob in folgenden Fällen ein Kaufvertrag zustande gekommen ist, und begründen Sie Ihre Auffassung.

Fall A: Die Soester Büromöbel AG benötigt zur Produktion ihrer Büromöbel große Mengen Metalllacke. Aus diesem Grund wurden Anfragen an verschiedene Lacklieferanten mit der Bitte um Abgabe eines Angebots verschickt. Nach eingehender Prüfung der rechtlich verbindlichen Angebote, die auf dem Postweg am 20.05.20.. eingegangen sind, bestellt die Soester Büromöbel AG am 21.05.20.. bei der Baumann OHG 200 l Metalllack zu deren Konditionen.

Ist ein Kaufvertrag zustande gekommen?	Begründungen
☐ Kaufvertrag ☐ kein Kaufvertrag	

Fall B: Die Pro Bike GmbH benötigt für ihr neues Zentrallager in Süddeutschland 20 Schreibtische. Aufgrund einer diesbezüglichen Anfrage unterbreitet die Soester Büromöbel AG am 26.08.20.. per E-Mail ein Angebot, das die Bemerkung „dieses Angebot ist unverbindlich" enthält. Einverstanden mit dem Preis und den übrigen Konditionen bestellt die Pro Bike GmbH am 27.08.20.. per E-Mail die Schreibtische. Kurze Zeit später teilt die Soester Büromöbel AG mit, dass die Schreibtische aufgrund gestiegener Lohnkosten nur zu einem um 10 % höheren Preis verkauft werden können.

Ist ein Kaufvertrag zustande gekommen?	Begründungen
☐ Kaufvertrag ☐ kein Kaufvertrag	

Fall C: Herr Bäumer, Einkaufssachbearbeiter der Soester Büromöbel AG, bestellt am 10.09.20.. bei der Moerser Möbelhaus Krüger OHG aufgrund eines Verkaufsprospekts eine Schlafcouch zum Preis von 1 500,00 EUR inkl. Lieferung und Montage. Die Lieferzeit soll 6 Wochen betragen. Vier Tage später erhält Herr Bäumer telefonisch die Nachricht, dass die Schlafcouch aus dem Sortiment herausgenommen wurde und daher nicht mehr geliefert werden kann.

Ist ein Kaufvertrag zustande gekommen?	Begründungen
☐ Kaufvertrag ☐ kein Kaufvertrag	

Fall D: Die Soester Büromöbel AG benötigt für die Herstellung ihrer Büroschränke Scharniere. Aufgrund einer dementsprechenden Anfrage erhält die Soester Büromöbel AG am 10. 02. 20.. ein rechtlich verbindliches Angebot von der Gruber OHG per E-Mail. Nach intensiver Prüfung des Angebots werden am 20. 02. 20.. per Telefax 2000 Scharniere zu den angebotenen Konditionen bestellt.

Ist ein Kaufvertrag zustande gekommen?	Begründungen
☐ Kaufvertrag ☐ kein Kaufvertrag	

Fall E: Die Soester Büromöbel AG bestellt versehentlich am 12. 08. 20.. per Brief 10 000 Schrauben bei der Bullmann KG. Eigentlich sollten die Schrauben von ihrem Stammlieferanten, der Bauer KG, bezogen werden. Noch am gleichen Tag informiert Helge Mewert, der zuständige Einkaufssachbearbeiter der Soester Büromöbel AG, per E-Mail die Bullmann KG über das Missverständnis.

Ist ein Kaufvertrag zustande gekommen?	Begründungen
☐ Kaufvertrag ☐ kein Kaufvertrag	

5. Die Soester Büromöbel AG liefert mit einem unternehmenseigenen Lkw Bürostühle an die Büroausstatter Winter OHG. Auf dem Weg nach Kiel gerät der Lkw in ein Nebelfeld. Der Unfall war nicht zu vermeiden. Die Bürostühle sind stark beschädigt. Der Schaden liegt bei etwa 3 000,00 EUR. Im Kaufvertrag wurde der gesetzliche Leistungsort vereinbart.

5.1 Nennen Sie den gesetzlichen Leistungsort.

____

____

____

5.2 Erklären Sie, wer den Schaden tragen muss.

____

____

____

____

5.3 Nehmen Sie an, die beiden Unternehmen können sich nicht einigen. Erklären Sie, vor welchem Amtsgericht die Streitigkeit zu klären ist.

6. Lea Gabel aus Soest, Sachbearbeiterin der Soester Büromöbel AG, bestellt bei einem Versandhändler mit Geschäftssitz in München eine Espressomaschine für ihre neue Küche. Der Betrag von 900,00 EUR ist 10 Tage nach Lieferung fällig. Am 10.03.20.. wird die Maschine vereinbarungsgemäß bei ihr zu Hause angeliefert. 10 Tage später, am 20.03.20.., erteilt Lea Gabel ihrer Bank den Überweisungsauftrag. Kurze Zeit später erhält sie ein Schreiben, in dem ihr vom Versandhändler Verzugszinsen für 3 Tage in Rechnung gestellt werden, da der Betrag erst am 23.03.20.. eingegangen ist.

> Ist im Kaufvertrag als Zahlungstermin z. B. der 20.01.20.. vereinbart worden, muss der Betrag beim Verbrauchsgüterkauf spätestens an diesem Tag überwiesen werden. Anders verhält es sich bei Geschäftsleuten. Hier muss gemäß einer Entscheidung des europäischen Gerichtshofs aus dem Jahr 2008 der Betrag zum vereinbarten Zahlungstermin beim Verkäufer eingegangen sein.

6.1 Erläutern Sie, ob der Versandhändler recht hat.

6.2 Überprüfen Sie, bei welchem Amtsgericht die Angelegenheit geklärt werden müsste.

7. Durch den Vertragsabschluss (Verpflichtungsgeschäft) verpflichten sich die Vertragspartner, den Vertrag zu erfüllen (Erfüllungsgeschäft). Entscheiden Sie in den folgenden Fällen, worum es sich handelt.

① = Verpflichtungsgeschäft Teil 1 „Pflichten des Verkäufers“

② = Verpflichtungsgeschäft Teil 2 „Pflichten des Käufers“

③ = Erfüllungsgeschäft Teil 1 „Vertragserfüllung durch den Verkäufer“

④ = Erfüllungsgeschäft Teil 2 „Vertragserfüllung durch den Käufer“

⑤ = weder Verpflichtungs- noch Erfüllungsgeschäft

Die Innovations AG erklärt sich durch Annahme des Angebots der Soester Büromöbel AG bereit, den Kaufpreis von 20 000,00 EUR netto zuzüglich 19 % USt am 20.04.20.. zu zahlen.	
Die Soester Büromöbel AG begleicht die Rechnung der Metallwerke Duisburg GmbH vereinbarungsgemäß vier Wochen nach Lieferung netto Kasse.	
Die Soester Büromöbel AG sagt der Möblix GmbH in der Auftragsbestätigung zu, die bestellten Büroschränke am 14.04.20.. zu liefern.	
Die Metallrohre werden von der Metallwerke Duisburg GmbH vertragsgemäß drei Wochen nach Auftragseingang bei der Soester Büromöbel AG angeliefert.	
Die Soester Büromöbel AG fragt bei verschiedenen Unternehmen, die Metallrohre vertreiben, Preise, Lieferzeiten sowie Lieferungs- und Zahlungsbedingungen ab.	

Material 1: Geschäftsbrief der Soester Büromöbel AG

SB Soester Büromöbel AG

Soester Büromöbel AG · Industriepark 5 · 59494 Soest
Autohaus Franken OHG
Hansastr. 22
46049 Oberhausen

Ihr Zeichen:	sa
Ihre Nachricht vom:	14.02.20..
Unser Zeichen:	kru
Unsere Nachricht vom:	
Name:	Marcel Kruse
Telefon:	02921 3879–77
Telefax:	02921 3879–10
E-Mail:	kruse@sbmag.de
Datum:	18.02.20..

Angebot Schreibtisch

Sehr geehrter Herr Sammer!

Wir bedanken uns für Ihre Anfrage und freuen uns, Ihnen einen entsprechenden Schreibtisch anbieten zu können.

Schreibtisch Future
Rahmen aus pulverbeschichtetem Stahlrohr, Glasplatte
Artikelnummer: A-1003110

Listenverkaufspreis (netto): 405,00 EUR je Stück inkl. Verpackung zzgl. 19 % USt

Ab 20 Stück gewähren wir einen Mengenrabatt von 12 %. Die Lieferung erfolgt frei Haus. Die Lieferzeit beträgt 14 Tage nach Auftragseingang. Unser Angebot ist bis zum 10.03.20.. gültig. Die Rechnung ist innerhalb von 14 Tagen nach Rechnungsdatum mit 3 % Skonto oder 30 Tage netto Kasse zu begleichen.

Wir würden uns freuen, Sie als neuen Kunden begrüßen zu dürfen.

Mit freundlichem Gruß

Soester Büromöbel AG

i. A. *Marcel Kruse*

Marcel Kruse

Soester Büromöbel AG
Industriepark 5, 59494 Soest
Registergericht Soest HRB 84759
USt-ID Nr. DE 68 837 465
Vorstand: Kai Sörensen (Vorsitzender), Thomas Werner, Helene Sims
Vorsitzende des Aufsichtsrats: Sarah Kern

Bankverbindungen:
Commerzbank Soest
IBAN: DE86 4144 0018 0006 7523 04 BIC: COBADEFF414
Sparkasse Soest
IBAN: DE30 4145 0075 0000 6375 26 BIC: WELADED1SOS

Material 2: Geschäftsbrief Autohaus Franken

AUTOHAUS FRANKEN OHG
Oberhausen – Essen – Bochum

Autohaus Franken OHG · Hansastr. 22 · 46049 Oberhausen
Soester Büromöbel AG
Industriepark 5
59494 Soest

Ihr Zeichen:	kru
Ihre Nachricht vom:	18.02.20..
Unser Zeichen:	sa
Unsere Nachricht vom:	14.02.20..
Name:	Mark Sammer
Telefon:	0208 383–11
Telefax:	0208 383-1
E-Mail:	info@franken.de
Datum:	28.02.20..

Bestellung

Sehr geehrter Herr Kruse,

gemäß Ihrem Angebot vom 18.02.20.. bestellen wir folgende Artikel zu den von Ihnen genannten Konditionen.

Schreibtisch Future
A-1003110
Menge: 12

Wir freuen uns auf eine langfristige Zusammenarbeit.

Mit freundlichen Grüßen

i. A. *Mark Sammer*

Mark Sammer

Geschäftsführer:
Peter Franken
Albert Moll

Sitz der Gesellschaft:
Oberhausen

Handelsregister:
Amtsgericht Oberhausen
HRA 4675

Kommunikation:
Telefon: 0208 383-0
Telefax: 0208 383-1
E-Mail: info@franken.de

Bankverbindungen:
Stadtsparkasse Oberhausen
IBAN: DE66 3655 0000 0237 9908 94
BIC: WELADED1OBH

Finanzamt Oberhausen
Steuernummer:
17897679943
USt-ID-Nummer:
DE67127386

Schulbuch S. 52–66

3 Zahlungssysteme einsetzen

Situation:

Herr Bolte hat bei der Autohaus Franken OHG in Oberhausen die Aufgabe, eingehende Rechnungen zu prüfen und zur Zahlung anzuweisen. Aktuell liegt ihm folgende Rechnung vor:

SB Soester Büromöbel AG

Soester Büromöbel AG · Industriepark 5 · 59494 Soest
Autohaus Franken OHG
Hansastr. 22
46049 Oberhausen

Bei Rückfragen bitte stets angeben:

Kundennummer:	D-9021
Auftragsnummer:	3-4200
Auftragsdatum:	28.02.20..
Lieferscheinnummer:	315 267
Lieferdatum:	20.03.20..
Rechnungsnummer:	8014-209
Rechnungsdatum:	20.03.20..
Ihr Ansprechpartner:	Marcel Kruse
Telefon:	02921 3879-77

Rechnung

Wir berechnen für unsere Lieferung vom 20.03.20..

Artikel-Nr.	Menge	Bezeichnung	Einzelpreis EUR	Gesamtpreis EUR
A-1003110	12	Schreibtisch Future	405,00	4 860,00

Warenwert, netto	4 860,00
+ Frachtkosten	0,00
	4 860,00
+ 19 % USt	923,40
Rechnungsbetrag	5 783,40

Die Rechnung ist innerhalb von 14 Tagen nach Rechnungsdatum mit 3 % Skonto oder 30 Tage netto Kasse zu begleichen

Wir danken für Ihren Auftrag!

Soester Büromöbel AG

i.A. Marcel Kruse

Marcel Kruse

Soester Büromöbel AG
Industriepark 5, 59494 Soest
Registergericht Soest HRB 84759
USt-ID Nr. DE 68 837 465
Vorstand: Kai Sörensen (Vorsitzender), Thomas Werner, Helene Sims
Vorsitzende des Aufsichtsrats: Sarah Kern

Bankverbindungen:
Commerzbank Soest
IBAN: DE86 4144 0018 0006 7523 04 BIC: COBADEFF414
Sparkasse Soest
IBAN: DE30 4145 0075 0000 6375 26 BIC: WELADED1SOS

Arbeitsaufträge:

1. Nachdem Herr Bolte die Rechnung geprüft und für korrekt befunden hat, gibt er die Rechnung zur Zahlung frei. Nennen Sie zwei Möglichkeiten, wie das Autohaus Franken OHG die Rechnung der Soester Büromöbel AG begleichen kann.

➤ ____________________

➤ ____________________

2. Bei der Autohaus Franken OHG wird seit einiger Zeit eine Vielzahl von Bankgeschäften im Rahmen des Onlinebankings abgewickelt.

2.1 Nennen Sie die beiden Nummern, die für die korrekte Ausführung der Onlineüberweisung angegeben werden müssen.

Hinweis: Bei nationalen Überweisungen ist der BIC nicht zwingend erforderlich.

1	
2	

2.2 Erläutern Sie, wie eine Aktion (z. B. die folgende Überweisung) autorisiert wird.

____

____

____

2.3 Begleichen Sie aus Sicht der Autohaus Franken OHG die Rechnung der Soester Büromöbel AG unter Ausnutzung von Skonto bei der Commerzbank Soest. Füllen Sie in diesem Zusammenhang das folgende Formular aus:

Überweisung | Terminüberweisung | Sammelüberweisung | Termin-Sammler | ?

1 Daten eingeben | 2 Prüfen und Senden | 3 Bestätigung

Begünstigter (Name oder Firma)*: ____________________

IBAN oder Konto*: ____________________

BIC oder BLZ*: ____________________

bei (Kreditinstitut): **wird automatisch eingefügt**

Betrag*: ____________ EUR

Referenz: ____________________

Verwendungszweck: ____________________

____

____

____

Ausführung: ____________ 31 TT.MM.JJJJ

Eingabe nur, wenn terminierte (spätere) Ausführung gewünscht

IBAN des Auftraggebers*: ____________________

☐ als Vorlage speichern

*Pflichtfeld

3. Die Soester Büromöbel AG hat im Gewerbepark Soest eine weitere Lagerhalle angemietet. Die monatliche Miete beträgt 3 200,00 EUR. Nennen Sie die Zahlungsalternative, die sich in diesem Fall anbietet.

Zahlungsalternative	

4. Katrin Haubold, Mitarbeiterin der Verkaufsabteilung der Soester Büromöbel AG, hat für ihr privates Smartphone im Handyshop nebenstehenden Tarif abgeschlossen:

   Nennen Sie die Zahlungsalternative, die sich in diesem Fall anbictct.

Comfort S	
Monatliche Inklusivleistungen: 50 Minuten in alle deutschen Netze telefonieren 200 SMS in alle deutschen Mobilfunknetze Highspeed-Inklusivvolumen mit bis zu 50 MBit/s	 kostenlos kostenlos kostenlos
Preise außerhalb der Inklusivleistung: Telefonie in alle deutschen Netze SMS in alle deutschen Netze	 19 Cent/Minute 19 Cent/Minute

Zahlungsalternative	

5. Nennen Sie zwei Vorteile, die der SEPA-Dauerauftrag und das SEPA-Lastschriftverfahren im Vergleich zu SEPA-Überweisungen für den Zahlungspflichtigen haben.

➤ ______________________________

____

➤ ______________________________

____

6. Bei alltäglichen Geschäften, z. B. beim Tanken oder an der Supermarktkasse, nutzen heute viele Kunden ihre Girocard. Hierbei sind mehrere Varianten denkbar.

Fall 1: Einmal in der Woche betankt Jasmin Schröder, 22-jährige Mitarbeiterin in der Buchhaltungsabteilung der Soester Büromöbel AG, ihren gebrauchten VW Golf an der örtlichen Tankstelle. Die Rechnung begleicht Jasmin, indem sie ihre Girocard in ein Kartenlesegerät einführt und ihre Geheimnummer (PIN) eingibt. Nach erfolgter Autorisierungsprüfung erhält sie den quittierten Kassenbeleg.

Fall 2: Im Supermarkt zahlt Jasmin ebenfalls mit ihrer Girocard. Hier ist das Verfahren jedoch etwas anders. Durch das Einführen der Girocard in das Kartenlesegerät wird ein Lastschriftbeleg erstellt, den Jasmin unterschreiben muss.

6.1 Nennen Sie die jeweilige Zahlungsalternative.

Fall 1	
Fall 2	

6.2 Grundätzlich kommen sowohl an Tankstellen als auch in Supermärkten beide Verfahren zum Einsatz. Erläutern Sie einen wesentlichen Nachteil, den das im Fall 2 verwendete Verfahren für den Händler hat.

____

____

____

Schulbuch S. 70–77

4 Mit einer Schlechtleistung (mangelhaften Lieferung) rechtssicher umgehen

Situation:

Am 24.04.20.. liegt folgendes Schreiben auf dem Tisch von Herrn Kruse, Verkaufssachbearbeiter der Soester Büromöbel AG:

Soester Büromöbel AG

Pro Secura AG
Versicherungsgesellschaft

Pro Secura AG | Theresienstraße 30 | 90403 Nürnberg
Soester Büromöbel AG
Industriepark 5
59494 Soest

Ihr Zeichen:	kru
Ihre Nachricht vom:	20.03.20..
Unser Zeichen:	wo
Unsere Nachricht vom:	24.03.20..
Name:	Werner Wolf
Telefon:	0911 463–45
Telefax:	0911 463-1
E-Mail:	w.wolf@prosecura.de
Datum:	23. April 20..

Mängelrüge

Sehr geehrter Herr Kruse,

am 24.03.20.. haben wir bei Ihnen 120 Bürostühle Modell Tergo bestellt, die am 21.04.20.. vereinbarungsgemäß geliefert wurden. Im Rahmen unserer Wareneingangskontrolle am 22.04.20.. mussten wir leider folgende Mängel feststellen:

1. Acht Bürostühle sind nicht mit schwarzem Lederbezug, sondern mit dunkelbraunem Lederbezug geliefert worden.

2. Bei sechs Bürostühlen sind die Fußrollen abgebrochen.

Wie Sie wissen, benötigen wir die Bürostühle für unsere neue Verwaltung, die am 01.05.20.. bezugsfertig sein wird.

Bitte nehmen Sie umgehend Kontakt mit mir auf.

Mit freundlichen Grüßen

Pro Secura AG

i.A. Werner Wolf

Werner Wolf

Pro Secura AG | Versicherungsgesellschaft mit Sitz in Nürnberg | Vorstand: Peter Börner, Klaus Brumme
Theresienstraße 30 | 90403 Nürnberg | Fon 0911-463-0 | Fax 0911-463-1
www.prosecura.de | mail@prosecura.de | Sparkasse Nürnberg | IBAN DE78760501010547834842 | BIC SSKNDE77XXX
Amtsgericht Nürnberg HRB 7376 | Steuernummer: 64776544579 | USt-ID-Nr.: DE77437538

Arbeitsaufträge:

1. Nennen Sie die Sachmängel, welche gemäß BGB (im Hinblick auf die Sache und Erkennbarkeit) von der Pro Secura AG bei der Wareneingangskontrolle festgestellt wurden.

Mängel	Mängelarten im Hinblick auf die	
	Erkennbarkeit	Sache
1		
2		

2. Begründen Sie, ob die Pro Secura AG ihre Pflichten bezüglich der mangelhaften Lieferung erfüllt hat, sodass sie die ihr zustehenden Rechte beanspruchen kann.

3. Stellen Sie dar, welche Rechte dem Käufer bei einer mangelhaften Lieferung auf der 1. Stufe (= vorrangige Rechte) grundsätzlich zur Verfügung stehen. Tragen Sie diese in das entsprechende Raster ein (Material 1).

4. Nennen Sie die Rechte, die Sie anstelle der Pro Secura AG einfordern würden.

Sachmängel	Eingefordertes Recht

5. Nehmen Sie Folgendes an: Aufgrund von Lieferengpässen seitens ihrer Lieferanten kann die Soester Büromöbel AG in den nächsten vier Wochen keine Bürostühle mit schwarzem Lederbezug liefern. Die Nacherfüllung ist also nicht möglich. Stellen Sie dar, welche nachrangigen Rechte (= 2. Stufe) dem Käufer nun generell zur Verfügung stehen. Tragen Sie diese in das zur Verfügung stehende Raster ein (Material 2).

6. Nennen Sie ein Recht, welches Sie anstelle der Pro Secura AG bezogen auf die Falschlieferung unter folgender Annahmen einfordern würden.

Annahmen:

- Der Lieferengpass ist auf einen mehrwöchigen Streik in der Lederindustrie zurückzuführen. Deshalb können derzeit keine Lederprodukte gefertigt und ausgeliefert werden.
- Vergleichbare Bürostühle sind bei einem anderen Lieferanten zum gleichen Preis sofort lieferbar.

eingefordertes Recht	

7. Nehmen Sie an, die Pro Secura AG hätte sich im obigen Fall (Arbeitsauftrag 6) dazu entschieden, vom Vertrag zurückzutreten und zusätzlich Schadensersatz statt Leistung zu fordern.

   Begründen Sie, wie Sie die Erfolgsaussichten der Soester Büromöbel AG vor Gericht einschätzen würden, wenn man nicht bereit ist, die Schadensersatzforderung zu akzeptieren.

8. Am 05. 05. 20.. erhält die Soester Büromöbel AG ein Schreiben der Pro Secura AG. In diesem Schreiben teilt die Pro Secura AG mit, dass sich bei der Benutzung der Bürostühle herausgestellt hat, dass bei zehn Bürostühlen die Sitzhöhenverstellung nicht einwandfrei funktioniert.

   Nennen Sie die Art des Sachmangels im Hinblick auf die Sache und Erkennbarkeit.

9. Peter Schneider, Inhaber des Reisebüros Schneider e. Kfm., plant, am 02. 05. 20.. eine Zweigstelle in Duisburg zu eröffnen. Er bestellt die komplette Büroeinrichtung bei der Soester Büromöbel AG. Die Lieferung inkl. Montage der Büroeinrichtung ist für den 01. 05. 20.. geplant. Beim Auspacken der Ware bemerkt Herr Schneider, dass die falschen Artikel geliefert worden sind. In einem Telefonat mit Herrn Kruse, dem zuständigen Verkaufssachbearbeiter bei der Soester Büromöbel AG, stellt sich heraus, dass versehentlich die falsche Artikelnummer an die Lagerabteilung weitergeleitet wurde. Die Lieferung der bestellten Büroeinrichtung ist nun erst am 04. 05. 20.. möglich. Herr Schneider ist außer sich. Nach Rücksprache mit seinem Anwalt fordert er die schnellstmögliche Lieferung der bestellten Büroeinrichtung und einen Schadensersatz in Höhe von 800,00 EUR für den dreitägigen Verdienstausfall.

   9.1 Nennen Sie den in diesem Fall vorliegenden Sachmangel im Hinblick auf die Sache und Erkennbarkeit.

   9.2 Benennen Sie die Art des Schadensersatzes, den Herr Schneider fordert.

   9.3 Begründen Sie, ob die Schadensersatzforderung berechtigt ist.

   9.4 Erläutern Sie, innerhalb welcher Frist Herr Schneider seine Gewährleistungsansprüche geltend machen muss, damit er seine Rechte, die sich aus der mangelhaften Lieferung ergeben, nicht verliert.

10. Beschreiben Sie mögliche Folgen für die Soester Büromöbel AG, wenn sich die Reklamationen wegen mangelhafter Lieferungen häufen.

____

____

____

____

____

Material 1: Vorrangige Rechte des Käufers bei Schlechtleistung (mangelhafter Lieferung)

Vorrangige Rechte des Käufers bei Schlechtleistung (mangelhafter Lieferung)

ohne eine ____________ setzen zu müssen, hat der Käufer das Recht auf

+

wahlweise

nur wenn ein ____________ entstanden ist und der Verkäufer den ____________ ____________ hat.

➤ Nacherfüllung gilt nach ____________ als fehlgeschlagen.

➤ Verkäufer kann das gewählte Recht der Nacherfüllung bei ________ hohen Kosten ablehnen.

Material 2: Nachrangige Rechte des Käufers bei Schlechtleistung (mangelhafter Lieferung)

Nachrangige Rechte des Käufers bei Schlechtleistung (mangelhafter Lieferung)

nach ____________________ Ablauf der gesetzten ______________ zur Nacherfüllung, kann der Käufer

wahlweise

nur bei ______________________ Mängeln

[ ] [ ]

\+ \+

[ ] [ ] [ ]

nur wenn _______________ bzw. ______________________________________ entstanden sind und der Verkäufer den ______________________________ hat.

5 Mit einer Nicht-Rechtzeitig-Lieferung (Lieferungsverzug) rechtssicher umgehen

Schulbuch S. 83–86

Situation:

Am 28.04.20.. liegt folgendes Schreiben auf dem Tisch von Herrn Kruse, Verkaufssachbearbeiter der Soester Büromöbel AG:

Soester Büromöbel AG

KAISER GMBH
Stahlhandel

Ihr Zeichen:	kru
Ihre Nachricht vom:	20.04.20..
Unser Zeichen:	do
Unsere Nachricht vom:	18.04.20..
Name:	Sandra Dorn
Telefon:	069 563–25
Telefax:	069 563-1
E-Mail:	dorn@kaiser.de
Datum:	27.04.20..

Kaiser GmbH · Trakehner Str. 24 · 60487 Frankfurt/Main
Soester Büromöbel AG
Marcel Kruse
Industriepark 5
59494 Soest

Bestellung vom 18.04.20..

Sehr geehrter Herr Kruse,

am 18.04.20.. haben wir bei Ihnen 10 Schreibtische Modell Starlight bestellt, die gemäß Kaufvertrag am 25.04.20.. geliefert werden sollten. Bis heute sind die Schreibtische nicht bei uns angekommen.

Da wir Lieferungsverzögerungen grundsätzlich nicht akzeptieren, treten wir hiermit vom Kaufvertrag zurück. Wir haben in der Zwischenzeit vergleichbare Schreibtische bei einem Ihrer Konkurrenten bestellt.

Da diese Schreibtische um 200,00 EUR je Stück teurer sind, stellen wir Ihnen die Mehrkosten von insgesamt 2000,00 EUR in Rechnung.

Bitte überweisen Sie den Betrag auf das unten genannte Konto.

Wir sehen unsere Geschäftsbeziehung damit als beendet an.

Mit freundlichem Gruß

Kaiser GmbH

i.A. Sandra Dorn

Sandra Dorn

Geschäftsführung:
Petrqa Kaiser
Bernd Kaiser

Sitz der Gesellschaft:
Frankfurt/Main

Handelsregister:
Amtsgericht Frankfurt/Main
HRB 4576

Bankverbindungen:
Frankfurter Sparkasse
IBAN: DE69500502010345834842
BIC: HELADEF1822

Finanzamt Frankfurt/Main I:
Steuernummer:
34777894579
USt-ID-Nummer:
DE 34437598

Herr Kruse sucht sofort die Bestellung der Kaiser GmbH und die entsprechende Auftragsbestätigung heraus. Hierbei stellt er fest, dass die Schreibtische tatsächlich am 25.04.20.. hätten ausgeliefert werden sollen. Herr Kruse greift zum Telefon und kontaktiert Herrn Steele aus der Lagerabteilung. Herr Steele teilt ihm mit, dass es aufgrund der guten Auftragslage zu Verzögerungen gekommen ist und die Schreibtische daher erst morgen ausgeliefert werden sollen.

Arbeitsaufträge:

1. Prüfen Sie im ersten Schritt, ob sich die Soester Büromöbel AG überhaupt in Lieferungsverzug befindet.

Voraussetzungen	Ja	Nein	Begründung
Ist die Lieferung nachholbar?			
Ist die Lieferung fällig?			
Musste gemahnt werden?			
Liegt ein Verschulden vor?			

Antwortsatz:

2. Begründen Sie, ob der Kaiser GmbH die geforderten Rechte zustehen.

3. Stellen Sie dar, welche Rechte allgemein im Rahmen des Lieferungsverzugs vom Käufer geltend gemacht werden können. Nutzen Sie hierzu das Raster (Material 1).

4. Beschreiben Sie, welche Auswirkungen ständige Lieferungsverzögerungen für die Soester Büromöbel AG haben können.

5. Nehmen Sie an, im Kaufvertrag zwischen der Soester Büromöbel AG und der Kaiser GmbH wäre folgende Vereinbarung getroffen worden: „Lieferung ab 25.04.20..“ Begründen Sie, ob sich die Soester Büromöbel AG in diesem Fall ebenfalls in Lieferungsverzug befände.

____

____

____

Material 1: Rechte des Käufers bei Nicht-Rechtzeitig-Lieferung (Lieferungsverzug)

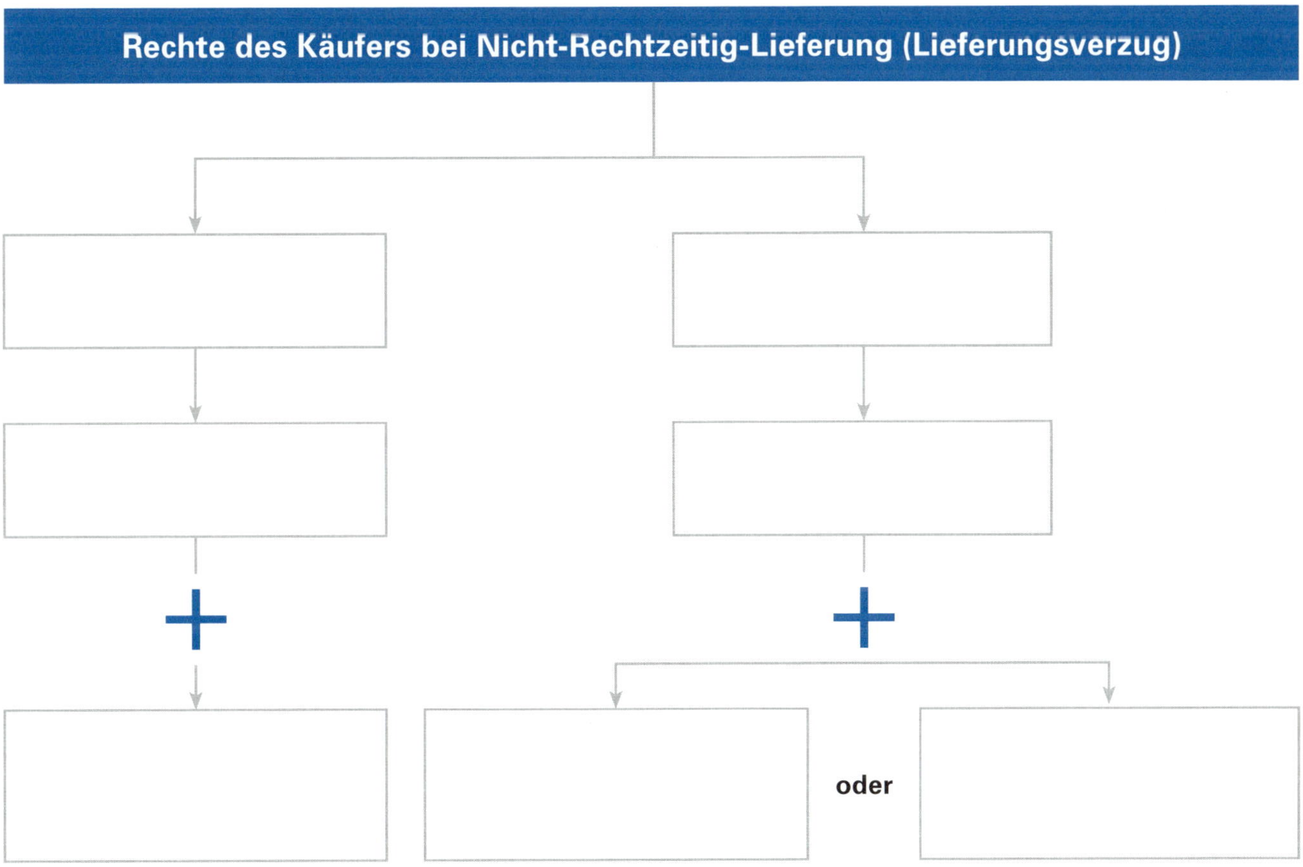

Schulbuch S. 90–93

6 Mit einer Nicht-Rechtzeitig-Zahlung (Zahlungsverzug) rechtssicher umgehen

Situation:

Die Wagner KG, ein Unternehmen der Lebensmittelbranche in Stuttgart, bestellt bei der Soester Büromöbel AG am 01.05.20.. Bürostühle vom Typ „Smile" zum Preis von insgesamt 25000,00 EUR. Gemäß Kaufvertrag sind die Bürostühle am 14.05.20.. zu liefern. Als Zahlungstermin wurde der 30.05.20.. vereinbart. Am 02.06.20.. stellt Frau Maldini, Mitarbeiterin der Buchhaltung bei der Soester Büromöbel AG, fest, dass die Wagner KG die Rechnung noch nicht beglichen hat. Durch Rücksprache mit Frau Lamers, einer Mitarbeiterin der Lagerabteilung, erfährt Frau Maldini, dass die Bürostühle am 14.05.20.. ordnungsgemäß geliefert wurden. Die Rechnung lag der Lieferung bei. Frau Maldini ist verstimmt: „Immer Ärger mit den Kunden!"

Arbeitsaufträge:

1. Prüfen Sie im ersten Schritt, ob sich die Wagner KG in Zahlungsverzug befindet.

Voraussetzungen	Ja	Nein	Begründung
Ist der Zahlungstermin überschritten?			
Musste gemahnt werden?			

2. Stellen Sie dar, welche Rechte allgemein im Rahmen der Nicht-Rechtzeitig-Zahlung vom Verkäufer geltend gemacht werden können. Nutzen Sie hierzu das Raster (Material 1).

3. Vergleichen Sie die Rechte des Verkäufers bei Nicht-Rechtzeitig-Zahlung mit den Rechten des Käufers bei Nicht-Rechtzeitig-Lieferung miteinander und beschreiben Sie, was Ihnen auffällt.

4. Begründen Sie, welches Recht die Soester Büromöbel AG unter folgenden Annahmen wahrnehmen sollte.
   - Die Wagner KG hat die von der Soester Büromöbel AG gesetzte Nachfrist verstreichen lassen.
   - Die Bürostühle sind unbeschädigt und befinden sich noch in der Originalverpackung. Sie können aufgrund der hervorragenden Absatzsituation problemlos zum gleichen Preis an einen anderen Kunden verkauft werden.
   - Die Wagner KG befindet sich in großen finanziellen Schwierigkeiten.
   - Die Wagner KG ist ein langjähriger Großkunde, den man nicht verlieren möchte.

Recht	

5. Prüfen Sie, welches Recht die Soester Büromöbel AG unter folgenden Annahmen wahrnehmen sollte.
   - Die Wagner KG hat die von der Soester Büromöbel AG gesetzte Nachfrist verstreichen lassen.
   - Die Bürostühle sind unbeschädigt und befinden sich noch in der Originalverpackung. Sie können jedoch aufgrund der schwierigen Absatzsituation nur zu einem Preis von 22000,00 EUR verkauft werden.
   - Die Wagner KG befindet sich in großen finanziellen Schwierigkeiten.
   - Die Wagner KG ist ein Kunde mit eher geringem Einkaufsvolumen, der schon häufiger durch verspätete Zahlungen aufgefallen ist.

Recht	

6. Nehmen Sie an, die Wagner KG hätte den Rechnungsbetrag in Höhe von 25000,00 EUR am 09.06.20.. beglichen. Berechnen Sie die Verzugszinsen, die die Soester Büromöbel AG der Wagner KG nachträglich in Rechnung stellen kann.

Annahmen:
   - Die Zahlung hätte laut Kaufvertrag am 30.05.20.. bei der Soester Büromöbel AG eingehen müssen.
   - Der Basiszinssatz der EZB beträgt 3,5 %.

März

	Mo	Di	Mi	Do	Fr	Sa	So
9						1	2
10	3	4	5	6	7	8	9
11	10	11	12	13	14	15	16
12	17	18	19	20	21	22	23
13	24	25	26	27	28	29	30
14	31						

April

	Mo	Di	Mi	Do	Fr	Sa	So
14		1	2	3	4	5	6
15	7	8	9	10	11	12	13
16	14	15	16	17	18	19	20
17	21	22	23	24	25	26	27
18	28	29	30				

Mai

	Mo	Di	Mi	Do	Fr	Sa	So
18				1	2	3	4
19	5	6	7	8	9	10	11
20	12	13	14	15	16	17	18
21	19	20	21	22	23	24	25
22	26	27	28	29	30	31	

Juni

	Mo	Di	Mi	Do	Fr	Sa	So
22							1
23	2	3	4	5	6	7	8
24	9	10	11	12	13	14	15
25	16	17	18	19	20	21	22
26	23	24	25	26	27	28	29
27	30						

Verzugs-zinsen	

7. Ermitteln Sie, ab wann die Wagner KG unter folgenden Annahmen in Zahlungsverzug geraten würde.
   - Die Wagner KG hat die Rechnung am 14.05.20.. erhalten.
   - Die Zahlungsbedingung lautete: „Zahlbar ab 30.05.20..“
   - Auf eine Mahnung wurde verzichtet.

Datum	

8. Nehmen Sie an, die Soester Büromöbel AG möchte die 30 Tage nicht abwarten, sondern die Wagner KG unverzüglich in Zahlungsverzug setzen. Verfassen Sie ein entsprechendes Schreiben (Material 2).

   Adresse: Wagner KG, Zettachring 15, 70567 Stuttgart, Ansprechpartner Herr Müller.

Material 1: Rechte des Verkäufers bei Nicht-Rechtzeitig-Zahlung (Zahlungsverzug)

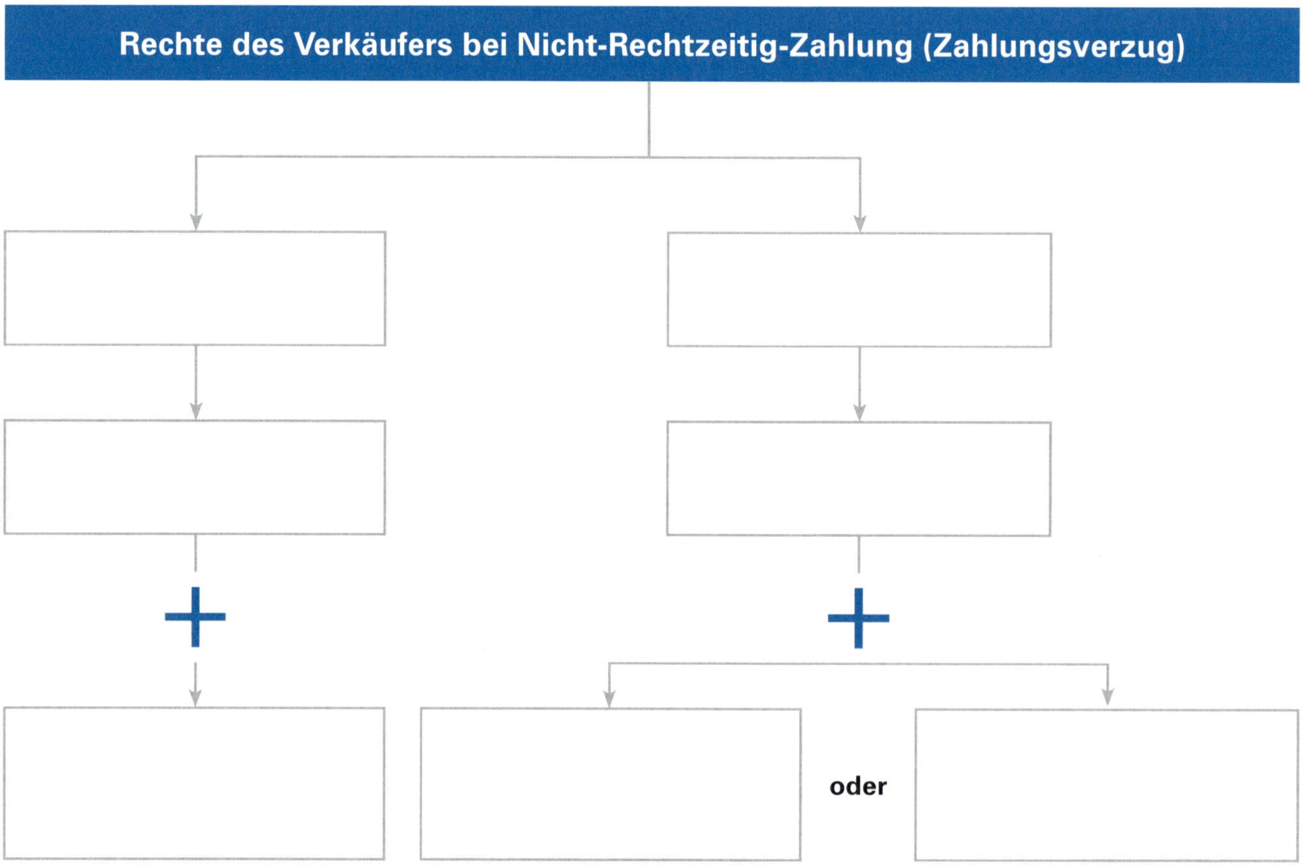

Material 2: Geschäftsbrief der Soester Büromöbel AG

SB

Soester Büromöbel AG

Ihr Zeichen:	____________
Ihre Nachricht vom:	____________
Unser Zeichen:	____________
Unsere Nachricht vom:	____________
Name:	____________
Telefon:	____________
Telefax:	____________
E-Mail:	____________
Datum:	____________

____

Sehr geehrter Herr ____________________,

Soester Büromöbel AG
Industriepark 5, 59494 Soest
Registergericht Soest HRB 84759
USt-ID Nr. DE 68 837 465
Vorstand: Kai Sörensen (Vorsitzender), Thomas Werner, Helene Sims
Vorsitzende des Aufsichtsrats: Sarah Kern

Bankverbindungen:
Commerzbank Soest
IBAN: DE86 4144 0018 0006 7523 04 BIC: COBADEFF414
Sparkasse Soest
IBAN: DE30 4145 0075 0000 6375 26 BIC: WELADED1SOS

Schulbuch S. 99–101

7 Zwischen Eigenlager und Fremdlager entscheiden

Situation:

Die Soester Büromöbel AG beabsichtigt, ihre Produkte zukünftig verstärkt über Büroeinrichtungshäuser in Süddeutschland zu vertreiben. In Gesprächen hat sich herausgestellt, dass der Handel großes Interesse an kurzen Lieferzeiten hat, um die eigenen Lagervorräte nach Möglichkeit gering halten zu können. Aus diesem Grund hat sich die Geschäftsleitung der Soester Büromöbel AG entschieden, die Büroeinrichtungshäuser von München aus zu beliefern. Nun stellt sich die Frage, ob man auf die Dienste selbstständiger Logistikdienstleister zurückgreifen oder die Auslieferungslager in Eigenregie unterhalten soll.

Arbeitsaufträge:

1. Nennen Sie einen grundsätzlichen Vor- bzw. Nachteil, der mit mehreren dezentralen regionalen Auslieferungslagern im Vergleich zu einem Zentrallager verbunden ist.

Variante	Vorteil im Vergleich zum Zentrallager	Nachteil im Vergleich zum Zentrallager
dezentrale Lager		

2. Die Soester Büromöbel AG hat im Gewerbegebiet München-Ost eine Lagerhalle gefunden, die das benötigte Lagervolumen von 1 750 m^3 aufnehmen kann. Darüber hinaus hat man mit der Logistik Beyer KG Kontakt aufgenommen, die ein Angebot bezüglich der Fremdlagerung abgegeben hat. Vergleichen Sie die beiden Alternativen Eigen- und Fremdlager miteinander, indem Sie berechnen, welche Alternative bei dem benötigten Lagervolumen bezogen auf einen Monat kostengünstiger ist (Material 1 und Material 2).

	Eigenlager	Fremdlager
Kosten pro Monat		

Nebenrechnungen:

3. Bei dem benötigten Lagervolumen handelt es sich um eine Prognose. Prognosen beinhalten naturgemäß immer einen hohen Grad an Unsicherheit. So wird das Lagervolumen bei unerwartet guter Absatzentwicklung möglicherweise steigen. Führen Sie deshalb einen Kostenvergleich für verschiedene Lagervolumina durch (Material 3).

4. Ermitteln Sie, bei welchem Lagervolumen die Kosten laut Tabelle für die beiden Alternativen gleich hoch sind.

5. Das Lagervolumen, bei dem die Kosten gleich hoch sind, wird kritisches Lagervolumen genannt. Es lässt sich nicht nur tabellarisch, sondern auch per Formel ermitteln. Stellen Sie die Formel auf und berechnen Sie auf diesem Weg das kritische Lagervolumen.

6. Stellen Sie den Kostenvergleich Eigenlager vs. Fremdlager grafisch dar. Schraffieren Sie die Bereiche, in denen das Eigen- bzw. das Fremdlager günstiger ist, und vervollständigen Sie den Merksatz (Material 4).

7. Nehmen Sie Stellung, wie Ihre Entscheidung ausfallen würde, wenn die Prognose für das benötigte Lagervolumen bei 2 000 m^3 Tendenz steigend liegen und es sich hierbei um eine relativ sichere Prognose handeln würde.

8. Vervollständigen Sie den Lückentext (Material 5).

Material 1: Interne Mitteilung

Interne Mitteilung

Soester Büromöbel AG

an:	Ralf Richter	**Abteilung:**	Marketing
von:	Kai Merz	**Datum:**	16.08.20..
		Zeichen:	me

Lagerhalle mit maximal 3000 m³ Fassungsvermögen

Für den Anfang gehen wir von einem benötigten Lagervolumen von 1750 m³ aus. Folgende Kosten sind zu berücksichtigen:

Fixe Lagerhaltungskosten:

- die Miete liegt bei 2040,00 EUR je Monat
- Abnutzungskosten für die Lagereinrichtung: 2200,00 EUR je Monat
- Personalkosten für zwei benötigte Lagermitarbeiter: 2380,00 EUR pro Mitarbeiter je Monat

Variable Lagerhaltungskosten:

- monatliche Lagerhaltungskosten: 4,00 EUR je m³ Lagervolumen

Mit freundlichen Grüßen

Kai Merz

Material 2: Angebot der Logistik Beyer KG

Lagerkosten Fremdlager - Nachricht (HTML)

Datei | Nachricht | Einfügen | Optionen | Text formatieren | Überprüfen

Senden

An... Ralf Richer <ralf.richter@sbmag.de>

Cc...

Bcc...

Betreff: Lagerkosten Fremdlager

Angebot

Sehr geehrter Herr Richter,

bezüglich Ihrer Anfrage vom 13.08.20.. unterbreiten wir Ihnen folgendes Angebot:

Lager mit Fassungsvermögen von 1.000 bis 5.000 Kubikmeter

- gute Anbindung zur Autobahn und zum Güterbahnhof
- geeignet für Büromöbel etc.
- monatliche Kosten: 8,00 EUR je Kubikmeter Lagervolumen netto

Freundliche Grüße

Peter Raabe
Logistik Beyer KG

Logistik Beyer KG
Wilhelmstr. 14
80331 München

Material 3: Tabellarischer Kostenvergleich

Lagervolumen in m^3	Kosten „Eigenlager“	Kosten „Fremdlager“	Eigenlager oder Fremdlager?
1250			
1500			
1750			
2000			
2250			
2500			
2750			
3000			

Material 4: Grafischer Kostenvergleich

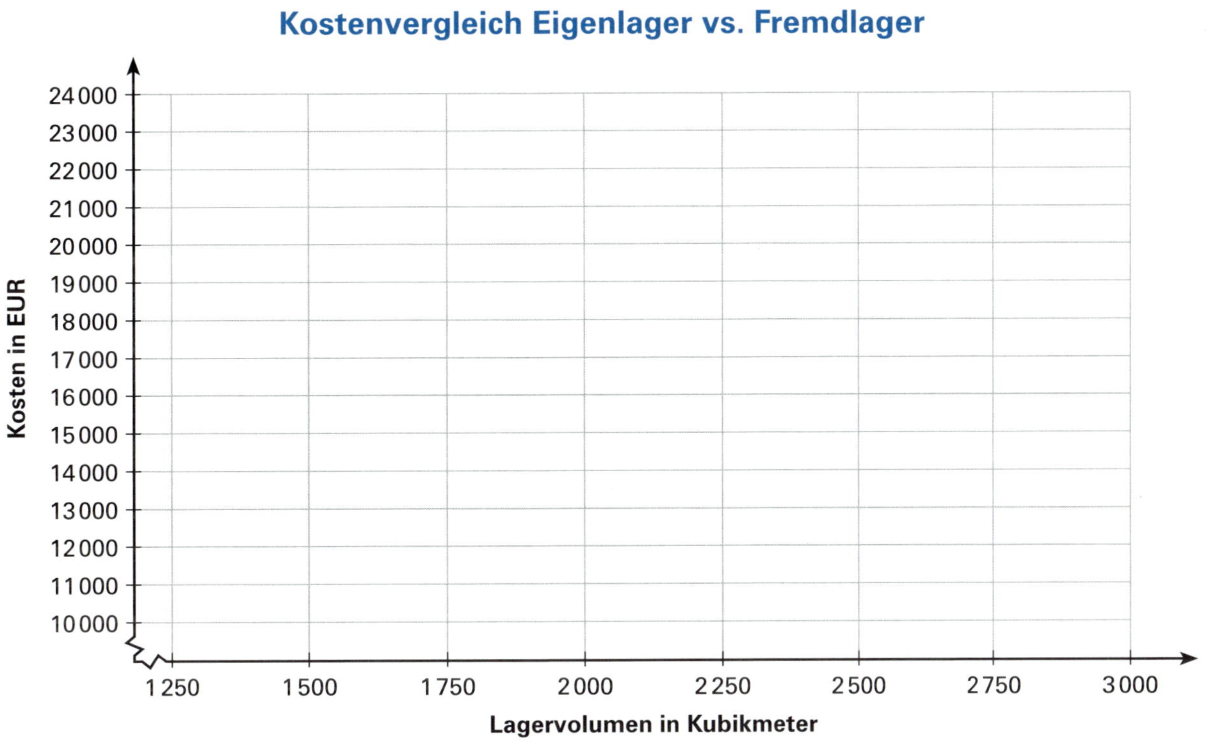

Bei einem ______________ Lagervolumen ist das ______________ dem ________________ vorzuziehen. Bei einem niedrigen __________________ hingegen ist das ________________ kostengünstiger als das __________________.

Material 5: Lückentext

moderne Lagertechnik	Abholung	Lagerschein	Know-how
Logistikunternehmen	Lagervolumen	Häfen	Güterumschlag
Transport	Kostenvorteilen	Lagerung	Risiko

Eigenlager vs. Fremdlager

Jedes Unternehmen muss die Entscheidung treffen, ob ein eigenes Lager unterhalten oder ob ein ____________________ eingeschaltet wird. Dieses Unternehmen übernimmt die gewerbsmäßige ____________ von Gütern für andere. Häufig werden sie auch mit dem ____________ der Güter beauftragt. Oft finden sich derartige Logistikdienstleister in __________ oder an anderen Orten mit großem ________________.

Bei Einlagerung der Güter stellt der Logistikdienstleister einen ______________ aus. Hierdurch bestätigt er, die Güter erhalten zu haben. Der Lagerschein berechtigt zur __________ der Güter.

Fremdlager sind insbesondere bei einem nicht so hohen ________________ von Vorteil. Neben ________________ sprechen insbesondere folgende Aspekte für die Fremdlagerung: Logistikdienstleister verfügen meist über eine _____________________. Zudem besitzen sie das nötige _____________, was sämtliche Fragen der Lagerhaltung angeht. Nicht zuletzt trägt der Logistikdienstleister auch das __________ für die eingelagerten Güter.

Schulbuch S. 103–107

8 Die Lagerhaltung mithilfe von Kennziffern optimieren

Situation:

Aufgrund des zunehmenden Wettbewerbsdrucks in der Büromöbelbranche beabsichtigt die Führungsriege der Soester Büromöbel AG, Kosten zu senken. Selbstverständlich stehen auch die Lagerkosten auf dem Prüfstand.

Leon Falke von der Controllingabteilung erhält am 06.01.20.. den Auftrag, sich um das Schreibtischmodell „Starlight" zu kümmern. Von der Lagerabteilung erhält er eine Aufstellung über die Lagerbestände des abgelaufenen Geschäftsjahres. Nun begibt sich Herr Falke daran, den Istzustand anhand von ausgewählten Lagerkennziffern zu ermitteln.

Aufstellung aus dem Lager:

Artikel		Schreibtisch Starlight
Datum	**Bestand**	**Bemerkung**
01.01.	200	Inventurbestand
31.01.	150	
28.02.	340	
31.03.	230	
30.04.	150	
31.05.	290	
30.06.	220	
31.07.	150	
31.08.	270	
30.09.	450	
31.10.	300	
30.11.	190	
31.12.	310	Inventurbestand

Arbeitsaufträge:

1. Die Soester Büromöbel AG unterhält ein großes Lager für Fertigerzeugnisse, um ständige Lieferbereitschaft zu gewährleisten. Nennen Sie Kosten, die bei der Lagerhaltung anfallen.

Lagerkosten	

2. Analysieren Sie mithilfe von Material 1 die Istsituation der Soester Büromöbel AG anhand folgender Lagerkennziffern.

   Vergleichen Sie danach die ermittelten Lagerkennziffern mit dem jeweiligen Branchendurchschnitt und tragen Sie das Ergebnis des Vergleichs ebenfalls in die Tabelle ein.

Kennziffer	Soester Büromöbel AG	Branche
⌀ Lagerbestand in Stück		
⌀ Lagerbestandswert in EUR		
Lagerumschlagshäufigkeit (bezogen auf die Menge)		
⌀ Lagerdauer in Tagen		
Lagerzinssatz in %		
Lagerkostensatz in %		
Termintreue in %		
Fehllieferungsquote in % (Reklamationsquote)		

3. Beurteilen Sie, wie die Soester Büromöbel AG im Vergleich zum Branchendurchschnitt abschneidet.

4. Nehmen Sie ausführlich Stellung, wie die Soester Büromöbel AG auf das Ergebnis reagieren sollte, indem Sie konkrete Maßnahmen benennen.

5. Angenommen, durch die von Ihnen eingeleiteten Maßnahmen konnte der Ø Lagerbestand im aktuellen Geschäftsjahr auf 200 Stück gesenkt werden. Ermitteln Sie die Auswirkungen auf die übrigen Kennzahlen und ziehen Sie wieder den Vergleich zum Branchendurchschnitt. Gehen Sie hierbei von folgenden Annahmen aus:
   - Alle anderen Daten wie z. B. Selbstkosten, Absatzmenge, Marktzinssatz, Verkaufspreis und Lagerkosten sind gleich geblieben.
   - Auch die übrigen Wettbewerber waren nicht untätig und haben entsprechende Maßnahmen eingeleitet. Die Ergebnisse sind der Tabelle zu entnehmen.

   Vergleich mit dem Branchendurchschnitt:

Kennziffer	Soester Büromöbel AG	Branche
⌀ Lagerbestand in Stück	200 Stück	220 Stück
⌀ Lagerbestandswert in EUR		135 000,00 EUR
Lagerumschlagshäufigkeit (bezogen auf die Menge)		7
⌀ Lagerdauer in Tagen		51,43 Tage
Lagerzinssatz in %		1,29 %
Lagerkostensatz in %		18 %
Termintreue in %		94 %
Fehllieferungsquote in % (Reklamationsquote)		3 %

Material 1: Interne Mitteilung

Interne Mitteilung

Soester Büromöbel AG

an: Leon Falke (Controlling)
von: Karl Bloch

Abteilung: RW
Datum: 03.01.20..
Zeichen: bl

Informationen Schreibtisch

Interne Daten zum Schreibtischmodell „Starlight":

Für das durch die Lagerhaltung gebundene Kapital wird ein seit vier Jahren konstanter Marktzinssatz von 9 Prozent kalkuliert. Die Selbstkosten des Schreibtisches liegen bei 610,00 EUR je Stück. Im zugrunde liegenden Geschäftsjahr konnten 1 250 Schreibtische verkauft werden (Lagerabgang). Der Verkaufspreis betrug 925,00 EUR je Stück. Die Lagerkosten für die Schreibtische lagen bei insgesamt 32 300,00 EUR.

Insgesamt lagen 200 Bestellungen (Auslieferungsanforderungen) vor, von denen 180 termingerecht ausgeliefert worden sind. Von diesen 200 Bestellungen sind 10 Bestellungen reklamiert worden.

Branchenwerte

Der Bundesverband der Büromöbelindustrie hat bezüglich der Lagerkennzahlen folgende Zahlen veröffentlicht:

In vergleichbaren mittelständischen Unternehmen liegt der Ø Lagerbestand in Stück im Bereich Fertige Erzeugnisse bei 230 Stück, der Ø Lagerbestand in EUR bei 140 000,00 EUR, die Lagerumschlagshäufigkeit bei 6, die Ø Lagerdauer bei 60 Tagen, der Lagerzinssatz bei 1,5 % und der Lagerkostensatz bei 19 %. Die Termintreue beträgt 94 % und die Reklamationsquote liegt bei 3 %.

Schulbuch S. 112–114

9 Absatzbuchungen vornehmen I – Sofortnachlässe, Nebenkosten und Rücksendungen

Situation:

Am Morgen des 18. August 20.. hat Tülay Can, Mitarbeiterin der Buchhaltung der Soester Büromöbel AG, folgende Rechnungen an die Innovation AG und die Gertrud Brandt KG geschickt. Nun müssen die Vorgänge gebucht werden.

SB Soester Büromöbel AG

SB Soester Büromöbel AG

Soester Büromöbel AG · Industriepark 5 · 59494 Soest
Innovation AG
Leipziger Str. 120
01127 Dresden

Bei Rückfragen bitte stets angeben:

Kundennummer:	D-5469
Auftragsnummer:	1-1395
Auftragsdatum:	10.08.20..
Lieferscheinnummer:	135 276
Lieferdatum:	18.08.20..
Rechnungsnummer:	0814-029
Rechnungsdatum:	18.08.20..
Ihre Ansprechpartnerin:	Tülay Can
Telefon:	02921 3879-75

Rechnung

Wir berechnen für unsere Lieferung vom 18.08.20..

Artikel-Nr.	Menge	Bezeichnung	Einzelpreis EUR	Gesamtpreis EUR
A-1100100	5	Rollcontainer Tiamo	460,00	2300,00

Warenwert, netto	2300,00
– 10 % Rabatt	230,00
	2070,00
+ 19 % USt	393,30
Rechnungsbetrag	2463,30

Bitte überweisen Sie den Betrag innerhalb von 30 Tagen nach Rechnungsdatum.

Wir danken für Ihren Auftrag!

Soester Büromöbel AG

i. A. Tülay Can

Tülay Can

Soester Büromöbel AG

Soester Büromöbel AG · Industriepark 5 · 59494 Soest
Gertrud Brandt KG
Südstraße 7
20083 Hamburg

Bei Rückfragen bitte stets angeben:

Kundennummer:	D-2759
Auftragsnummer:	1-3499
Auftragsdatum:	07.08.20..
Lieferscheinnummer:	125 276
Lieferdatum:	18.08.20..
Rechnungsnummer:	0814-030
Rechnungsdatum:	18.08.20..
Ihre Ansprechpartnerin:	Tülay Can
Telefon:	02921 3879-75

Rechnung

Wir berechnen für unsere Lieferung vom 18.08.20..

Artikel-Nr.	Menge	Bezeichnung	Einzelpreis EUR	Gesamtpreis EUR
A-1501100	60	Bürostuhl Verdan	90,00	5 400,00

Warenwert, netto	5 400,00
+ Frachtkosten	120,00
+ Verpackung	60,00
	5 580,00
+ 19 % USt	1 060,20
Rechnungsbetrag	6 640,20

Bitte überweisen Sie den Betrag innerhalb von 14 Tagen mit 2 % Skonto oder innerhalb 30 Tagen netto Kasse.

Wir danken für Ihren Auftrag!

Soester Büromöbel AG

i. A. Tülay Can

Tülay Can

Soester Büromöbel AG
Industriepark 5, 59494 Soest
Registergericht Soest HRB 84759
USt-ID Nr. DE 68 837 465
Vorstand: Kai Sörensen (Vorsitzender), Thomas Werner, Helene Sims
Vorsitzende des Aufsichtsrats: Sarah Kern

Bankverbindungen:
Commerzbank Soest
IBAN: DE86 4144 0018 0006 7523 04 BIC: COBADEFF414
Sparkasse Soest
IBAN: DE30 4145 0075 0000 6375 26 BIC: WELADED1SOS

Arbeitsaufträge:

1. Bilden Sie den Buchungssatz zum **Vorgang „Rechnung an die Innovation AG"** inkl. Kontonummern und tragen Sie ihn in das Grundbuch ein.

Grundbuch		
Konten	Soll	Haben

2. Buchen Sie den Vorgang auf den entsprechenden Konten des Hauptbuches.

S	H

S	H

S	H

3. Bilden Sie den Buchungssatz zum **Vorgang „Rechnung an die Gertrud Brandt KG"** inkl. Kontonummern und tragen Sie ihn in das Grundbuch ein.

Grundbuch		
Konten	Soll	Haben

4. Bilden Sie für folgende Geschäftsvorfälle die Buchungssätze und tragen Sie sie ins Grundbuch ein:

   4.1 Die Soester Büromöbel AG bezieht von einem Lieferanten Verpackungsmaterial im Wert von 3 200,00 EUR zzgl. 19 % USt auf Ziel.

   4.2 Unser Spediteur schickt uns eine Rechnung in Höhe von 2 400,00 EUR zzgl. 19 % USt. Die noch nicht gebuchte Rechnung wird sofort per Banküberweisung beglichen.

   4.3 Ein von uns beauftragter Handelsvertreter erhält eine Vertriebsprovision in Höhe von 540,00 EUR zzgl. 19 % USt bar.

Grundbuch			
GV	Konten	Soll	Haben
4.1			

Grundbuch			
GV	**Konten**	**Soll**	**Haben**
4.2			
4.3			

5. Am 19.08.20.. teilt uns Frau Jäger von der Innovation AG mit, dass zwei der gelieferten Rollcontainer zurückgeschickt werden, da sie in der falschen Farbe geliefert wurden.

5.1 Berechnen Sie zunächst den Wert der zurückgeschickten Erzeugnisse.

5.2 Bilden Sie den entsprechenden Buchungssatz im Grundbuch.

Grundbuch		
Konten	**Soll**	**Haben**

5.3 Buchen Sie die Rücksendung auf den Konten des Hauptbuches. **Hinweis**: Tragen Sie zunächst noch einmal das Ergebnis aus Arbeitsauftrag 2 in das Hauptbuch ein.

S	H

S	H

S	H

Schulbuch S. 115–117

10 Absatzbuchungen vornehmen II – nachträgliche Preisnachlässe

Situation:

Am 25.04.20.. liegt folgendes Schreiben auf dem Tisch von Frau Can, Mitarbeiterin der Buchhaltungsabteilung bei der Soester Büromöbel AG:

Soester Büromöbel AG

Pro Secura AG
Versicherungsgesellschaft

Pro Secura AG | Theresienstraße 30 | 90403 Nürnberg
Soester Büromöbel AG
Marcel Kruse
Industriepark 5
59494 Soest

Ihr Zeichen:	kru
Ihre Nachricht vom:	16.04.20..
Unser Zeichen:	wo
Unsere Nachricht vom:	14.04.20..
Name:	Werner Wolf
Telefon:	0911 463–45
Telefax:	0911 463-1
E-Mail:	w.wolf@prosecura.de
Datum:	24.04.20..

Mängelrüge

Sehr geehrter Herr Kruse,

am 14.04.20.. haben wir bei Ihnen 60 Schreibtische Modell Denver bestellt, die am 22.04.20.. vereinbarungsgemäß geliefert wurden.

Der Warenwert betrug 15 000,00 EUR zzgl. 19 % USt, zahlbar in 30 Tagen netto Kasse.

Im Rahmen unserer Wareneingangskontrolle am 23.04.20.. mussten wir leider feststellen, dass 10 der gelieferten Schreibtische Kratzer auf der Arbeitsplatte aufweisen.

Wir wären bereit, die Schreibtische zu behalten, wenn Sie uns einen Preisnachlass in Höhe von 500,00 EUR zzgl. 19 % USt gewähren würden.

Wir würden uns freuen, unsere bisher gute Geschäftsbeziehung fortführen zu können.

Mit freundlichen Grüßen

Pro Secura AG

i. A. Werner Wolf

Werner Wolf

Pro Secura AG | Versicherungsgesellschaft mit Sitz in Nürnberg | Vorstand: Peter Börner, Klaus Brumme
Theresienstraße 30 | 90403 Nürnberg | Fon 0911-463-0 | Fax 0911-463-1
www.prosecura.de | mail@prosecura.de | Sparkasse Nürnberg | IBAN DE78760501010547834842 | BIC SSKNDE77XXX
Amtsgericht Nürnberg HRB 7376 | Steuernummer: 64776544579 | USt-ID-Nr.: DE77437538

Arbeitsaufträge:

1. Bilden Sie zunächst den Buchungssatz inkl. Kontonummern beim Abschluss des Kaufvertrages zwischen der Soester Büromöbel AG und der Pro Secura AG und tragen Sie ihn in das Grundbuch ein.

Grundbuch		
Konten	Soll	Haben

2. Buchen Sie den Vorgang auf den entsprechenden Konten des Hauptbuches.

S | H

S | H

S | H

3. Die Soester Büromöbel AG hat den Vorfall mit dem Ergebnis geprüft, dass die Reklamation der Pro Secura AG berechtigt ist. Daraufhin soll der von der Pro Secura AG geforderte Preisnachlass gewährt werden.

   Bilden Sie den entsprechenden Buchungssatz inkl. Kontonummern und tragen Sie ihn in das Grundbuch ein.

Grundbuch		
Konten	Soll	Haben

4. Buchen Sie den Preisnachlass auf den Konten des Hauptbuches. **Hinweis**: Tragen Sie zunächst noch einmal das Ergebnis aus Arbeitsauftrag 2 in das Hauptbuch ein.

S | H

S | H

S | H

S | H

5. Die Junges Wohnen GmbH gehörte im Jahr 20.. mit einem Einkaufsvolumen von 640 000,00 EUR zzgl. 19 % USt zu einem der umsatzstärksten Kunden. Um dieses Unternehmen weiter an die Soester Büromöbel AG zu binden, erhält die Junges Wohnen GmbH am Ende des Geschäftsjahres einen Umsatzbonus von 0,5 % zzgl. 19 % USt in Form einer Gutschrift.

   Bilden Sie den entsprechenden Buchungssatz inkl. Kontonummern und tragen Sie ihn in das Grundbuch ein.

Grundbuch		
Konten	**Soll**	**Haben**

6. Die Bleibtreu GmbH bestellt bei der Soester Büromöbel AG Bürostühle im Wert von 12 000,00 EUR zzgl. 19 % USt. Die Zahlungsbedingung lautet: Zahlbar innerhalb von 14 Tagen nach Rechnungsdatum mit 2 % Skonto oder 30 Tage netto Kasse.

   6.1 Bilden Sie den entsprechenden Buchungssatz für die Ausgangsrechnung vom 10. 10. 20.. inkl. Kontonummern und tragen Sie ihn in das Grundbuch ein.

Grundbuch		
Konten	**Soll**	**Haben**

   6.2 Die Bleibtreu GmbH bezahlt die Rechnung am 15. 10. 20.. unter Ausnutzung von 2 % Skonto per Banküberweisung. Ermitteln Sie den Überweisungsbetrag (Bankgutschrift).

   6.3 Bilden Sie den Buchungssatz inkl. Kontonummern für die Kundenrechnung mit Skontoabzug und tragen Sie ihn in das Grundbuch ein.

Grundbuch		
Konten	**Soll**	**Haben**

6.4 Buchen Sie den gesamten Vorgang auf den Konten des Hauptbuches.

S	H

S	H

S	H

S	H

S	H

6.5 Ermitteln Sie die Höhe der Umsatzerlöse, die durch das Geschäft mit der Bleibtreu GmbH erzielt werden konnten.

Anforderungssituation 5.1

Schulbuch
S. 122–124

1 Einen Arbeitsvertrag abschließen

Situation:

Frau Stark, Personalleiterin der Soester Büromöbel AG, und Frau Özdemir, Leiterin der Verkaufsabteilung, haben sich nach Auswertung der Vorstellungsgespräche dazu entschieden, Sara Balko die Stelle als Verkaufssachbearbeiterin anzubieten. Da Sara Balko die ärztliche Einstellungsuntersuchung erfolgreich überstanden hat, beauftragt Frau Stark einen ihrer Mitarbeiter, Lars Becker, damit, den Arbeitsvertrag für Sara Balko aufzusetzen. Der Vertrag soll am 08.03.20.. unterschriftsreif vorliegen. Lars Becker, noch nicht lange in der Personalabteilung tätig, lässt sich zwar nichts anmerken, fühlt sich jedoch reichlich überfordert. Mit Arbeitsverträgen musste er sich bislang nicht auseinandersetzen.

Arbeitsaufträge:

1. Nennen Sie Gründe, warum sich die Soester Büromöbel AG dazu entschieden haben könnte, eine neue Verkaufssachbearbeiterin einzustellen.

   ____

   ____

2. Setzen Sie mithilfe der Informationen aus der internen Mitteilung (Material 1) den Arbeitsvertrag für Frau Balko auf. **Hinweis:** Im nachfolgenden Formular „Arbeitsvertrag" (Material 2) wurden bewusst die Paragrafenüberschriften weggelassen. Überlegen Sie sich geeignete Überschriften und tragen Sie sie in die dafür vorgesehenen Lücken ein.

Material 1: Interne Mitteilung

Interne Mitteilung

Soester Büromöbel AG

an: Lars Becker
von: Anja Stark

Abteilung: Personal
Datum: 05.03.20..
Zeichen: st

Einstellung Frau Balko

Frau Sara Balko, wohnhaft in 44135 Dortmund, Westfalenstr. 120, fängt am 01.04.20.. in unserem Hause als Verkaufssachbearbeiterin an.

Tarifvertragliche Regelungen:
- Bruttogehalt 2 700,00 EUR
- 39-Stunden-Woche
- 30 Arbeitstage Urlaub
- Vermögenswirksame Leistungen 10,00 EUR

Zusätzliche Vereinbarungen:
- Probezeit 3 Monate

Mit freundlichen Grüßen

Anja Stark

Material 2: Formular „Arbeitsvertrag“

SB Soester Büromöbel AG

Arbeitsvertrag

Zwischen der Soester Büromöbel AG, Industriepark 5, 59494 Soest

und ____

wird unter Hinweis auf den bestehenden Tarifvertrag in der holz- und kunststoffverarbeitenden Industrie folgender Arbeitsvertrag abgeschlossen:

§ 1 ______________________________

Das Arbeitsverhältnis beginnt am __________. Arbeitsort ist ____________________.

§ 2 ______________________________

Die Probezeit beträgt __________________. Während der Probezeit kann das Arbeitsverhältnis beiderseits mit einer Frist von 2 Wochen zu jedem beliebigen Termin gekündigt werden.

§ 3 ______________________________

______________________________ wird als ______________________ eingestellt. Bei Bedarf sind auch andere zumutbare Arbeiten, die den Vorkenntnissen des Arbeitnehmers entsprechen, zu leisten. Die bisherige Vergütung ist in diesem Fall weiterzuzahlen.

§ 4 ______________________________

Die wöchentliche Arbeitszeit beträgt ______________. Beginn und Ende der täglichen Arbeitszeit richten sich nach den Betriebsvereinbarungen. Der Arbeitnehmer ist verpflichtet, Mehrarbeit zu leisten, soweit dies gesetzlich zulässig ist. Der Arbeitgeber zahlt für jede geleistete Überstunde einen Zuschlag. Der Zuschlag richtet sich nach den Betriebsvereinbarungen.

§ 5 ______________________________

Das Gehalt beträgt monatlich ______________ brutto, zzgl. ____________ vermögenswirksame Leistungen, zahlbar bargeldlos am Monatsende. Die Zahlung von Gratifikationen oder anderen Sonderzahlungen liegt im freien Ermessen des Arbeitgebers und begründet keinen Rechtsanspruch, auch wenn die Zahlungen wiederholt erfolgen.

§ 6 ______________________________

Der Arbeitnehmer erhält kalenderjährlich einen Erholungsurlaub von ________________ unter Fortzahlung seiner Bezüge. Arbeitstage sind alle Kalendertage, die nicht Samstage, Sonntage oder gesetzliche Feiertage sind. Der Arbeitnehmer stimmt den Urlaubsantritt mit der Abteilungsleitung ab.

§ 7 ______________________________

Ist der Arbeitnehmer infolge auf Krankheit beruhender Arbeitsunfähigkeit an der Arbeitsleistung verhindert, ohne dass ihn ein Verschulden trifft, so erhält er Gehaltsfortzahlung nach den tarifvertraglichen Vereinbarungen.

§ 8 ______________________________

Jede entgeltliche oder das Arbeitsverhältnis beeinträchtigende Nebenbeschäftigung ist nur mit Zustimmung des Arbeitgebers zulässig.

§ 9 ______________________________

Für die Kündigung des Arbeitsverhältnisses gelten nach Ablauf der Probezeit die gesetzlichen Bestimmungen. Vor Antritt des Arbeitsverhältnisses ist die Kündigung ausgeschlossen.

§ 10 ______________________________

Der Arbeitnehmer verpflichtet sich, während der Dauer des Arbeitsverhältnisses und auch nach Ausscheiden, über alle Betriebs- und Geschäftsvereinbarungen Stillschweigen zu bewahren.

Soest, den _______________

Soester Büromöbel AG
Industriepark 5
59494 Soest

______________________________	______________________________
Arbeitgeber	Arbeitnehmer/-in

Soester Büromöbel AG
Industriepark 5, 59494 Soest
Registergericht Soest HRB 84759
USt-ID Nr. DE 68 837 465
Vorstand: Kai Sörensen (Vorsitzender), Thomas Werner, Helene Sims
Vorsitzende des Aufsichtsrats: Sarah Kern

Bankverbindungen:
Commerzbank Soest
IBAN: DE86 4144 0018 0006 7523 04 BIC: COBADEFF414
Sparkasse Soest
IBAN: DE30 4145 0075 0000 6375 26 BIC: WELADED1SOS

2 Tarifverträge abschließen

Schulbuch S. 126–128

Situation:

Löhne 20.. – der große Schluck aus der Pulle

Die Politiker meldeten sich wie immer als erste zu Wort. Bereits Anfang Dezember beschied der Bundesarbeitsminister den Lesern einer großen Sonntagszeitung, die Arbeitnehmer bräuchten endlich „wieder gute Löhne". Auch der Oppositionsführer erklärte eine Woche später im gleichen Blatt, dass er sich natürlich nicht in die Tarifpolitik einmischen wolle, aber „wo die Wirtschaft spürbar wächst, sollte es auch spürbare Lohnerhöhungen geben". Was spielt es da schon für eine Rolle, dass Politiker mit Tarifverhandlungen eigentlich gar nichts zu tun haben? Aber es ist ja so verführerisch, gerade jetzt Stellung zu beziehen: Die Wirtschaftsforscher haben ihre Prognosen für das nächste Jahr deutlich angehoben. Wann, wenn nicht jetzt, ist der Zeitpunkt für eine Beteiligung der Arbeitnehmer am Aufschwung. Die IG Metall jedenfalls ist fest entschlossen. Sie nutzt den politischen Rückenwind und die Stimmung in der Bevölkerung, um für saftige Lohnerhöhungen zu werben. Mit einer Forderung von fünf bis sieben Prozent will die IG Metall in die Tarifrunden ziehen. Zu viel, zu wenig? Die Meinungen darüber gehen weit auseinander. Die meisten Wirtschaftsforscher halten höchstens zwei bis drei Prozent für problemlos verkraftbar.

Arbeitsaufträge:

1. Verschaffen Sie sich einen Überblick über das Zustandekommen von Tarifverträgen und deren Inhalte, indem Sie die wesentlichen Aspekte stichwortartig in dem zur Verfügung stehenden Schaubild festhalten (Material 1).

2. Nehmen Sie Stellung zu folgender Aussage: „Weil noch immer mehrere Millionen Menschen ohne Arbeit sind, sollten die Glücklichen, die einen Job haben, mit ihrem Lohn zufrieden sein. Eigentlich müssten die Beschäftigten noch mehrere Jahre auf Lohnerhöhungen verzichten oder sogar erhebliche Lohneinbußen hinnehmen, wenn neue Arbeitsplätze entstehen sollen. Das sind die Kräfte der Globalisierung. Wir stehen hier erst am Anfang einer Entwicklung."

3. Im Tarifvertragsrecht finden sich u. a. folgende Begriffe: *Allgemeinverbindlichkeit, Tarifautonomie, Schriftform, Friedenspflicht, Nachwirkung* und *Tarifbindung*. Ordnen Sie den nachfolgend aufgeführten Beschreibungen jeweils einen der zuvor genannten Begriffe zu.

3.1 Arbeitgeber- und Arbeitnehmerverbände haben das Recht, selbstständig und ohne staatliche Einmischung, Tarifverträge abzuschließen.

Grundsatz	

3.2 Die Mitglieder der Tarifvertragsparteien sind an die im Tarifvertrag vereinbarten Bestimmungen gebunden.

Grundsatz	

3.3 Während der Laufzeit eines Tarifvertrages dürfen von den Tarifvertragsparteien keine Arbeitskampfmaßnahmen ergriffen werden.

Grundsatz	

3.4 Tarifverträge können nicht mündlich abgeschlossen werden. Sie bedürfen stets der Schriftform.

Grundsatz	

3.5 Bei auslaufenden Tarifverträgen gilt der alte Tarifvertrag so lange weiter, bis ein neuer Tarifvertrag abgeschlossen worden ist.

Grundsatz	

3.6 Arbeitgeber, die nicht einem Arbeitgeberverband angehören, sind an die Bestimmungen des Tarifvertrages nicht gebunden. Die Tarifvereinbarungen können somit auch unterschritten werden. Das Bundesministerium für Arbeit und Soziales hat aber die Möglichkeit, Tarifverträge auch auf die bisher nicht tarifgebundenen Arbeitgeber und Arbeitnehmer auszudehnen. Danach ist es einem Arbeitgeber z. B. nicht mehr möglich, nicht organisierte Arbeitnehmer zu schlechteren Bedingungen zu beschäftigen als Gewerkschaftsmitglieder.

Grundsatz	

4. Prüfen Sie, ob es sich in folgenden Fällen um richtige ① oder falsche Aussagen ⑨ handelt.

1	Ein Arbeitsvertrag kann auch mündlich abgeschlossen werden. Gemäß Nachweisgesetz müssen die wesentlichen Vertragsbedingungen jedoch schriftlich festgehalten und dem Arbeitnehmer unterschrieben ausgehändigt werden.	
2	Die Tarifverträge werden zwischen Arbeitgeberverbänden und Arbeitnehmerverbänden geschlossen und enthalten z. B. Vereinbarungen über die wöchentliche Arbeitszeit.	
3	Zwischen Arbeitgeber und Arbeitnehmer dürfen nur unbefristete Arbeitsverträge abgeschlossen werden. Befristete Arbeitsverträge sind nicht zulässig.	
4	Tarifverträge können für ein ganzes Bundesland oder sogar für das gesamte Bundesgebiet verbindlich sein. Man spricht dann von sogenannten Flächentarifverträgen.	
5	Gemäß Bundesurlaubsgesetz stehen den Arbeitnehmern mindestens 20 Werktage Urlaub pro Jahr zu.	
6	In Tarifverträgen dürfen die Arbeitnehmer nicht schlechter gestellt werden, als es die arbeitsrechtlichen Gesetze (BGB, Arbeitszeitordnung etc.) vorsehen.	
7	In Tarifverträgen vereinbaren Arbeitgeberverbände und einzelne Arbeitnehmer u. a. die Höhe der Löhne und Gehälter.	

Material 1: Schaubild „Tarifverträge"

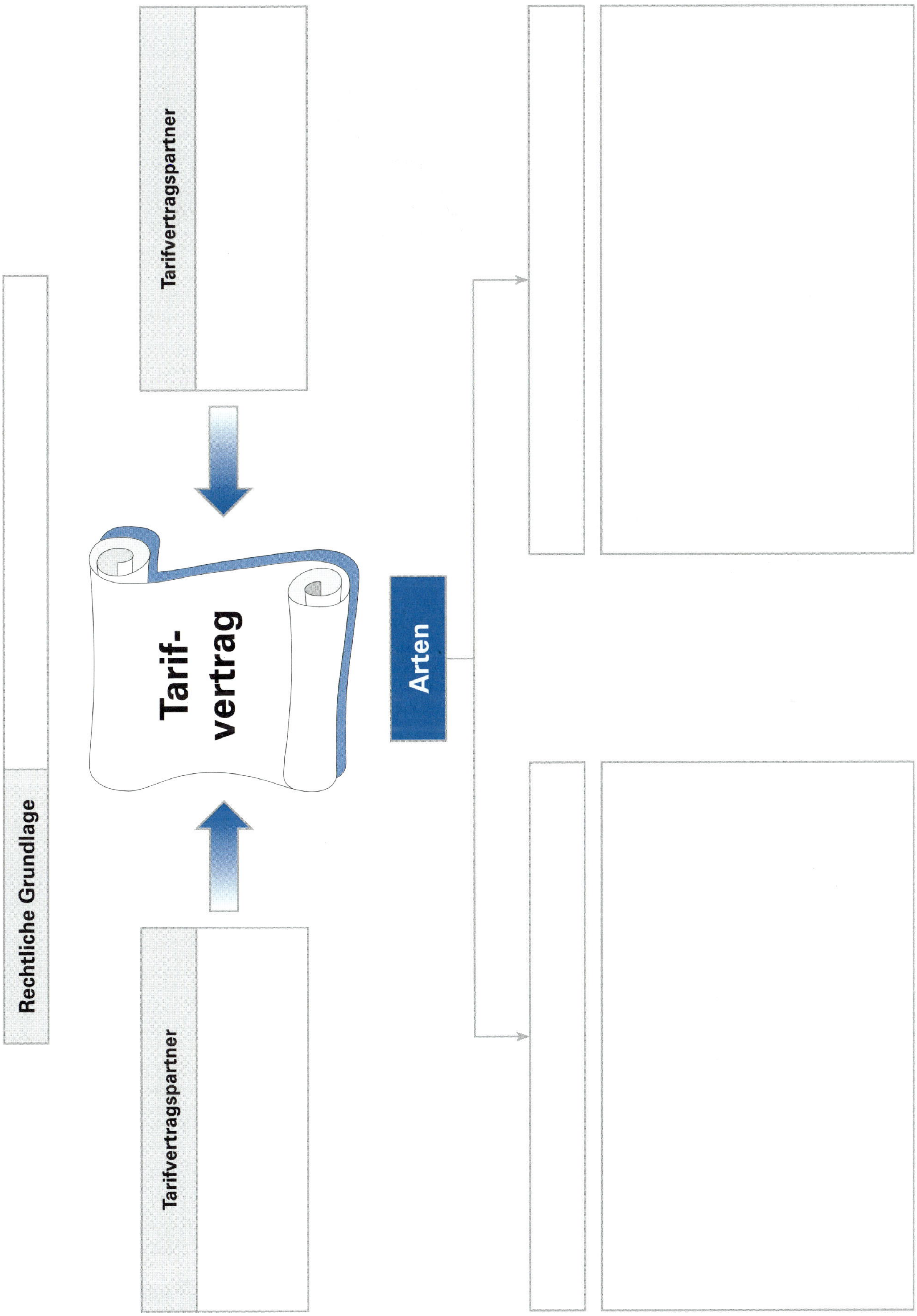

Schulbuch S. 131–135

3 Gesetzliche Bestimmungen im Rahmen von Kündigungen anwenden

Situation:

Am Montagmorgen bittet Herr Misevic, Leiter der Fertigungsabteilung bei der Soester Büromöbel AG, die Personalleiterin Frau Stark um ein Gespräch.

Frau Stark: Guten Morgen, Herr Misevic, was kann ich für Sie tun?

Herr Misevic: Nun, es geht um meinen Mitarbeiter, Herrn Andreas Kramer. Seit einigen Wochen erscheint er häufig verspätet zur Arbeit. Gestern ist er sogar erst um 10:00 Uhr erschienen.

Frau Stark: Und haben Sie Herrn Kramer schon zur Rede gestellt?

Herr Misevic: Selbstverständlich. Aber Herr Kramer meinte nur, ich solle mich nicht so anstellen.

Frau Stark: So geht das natürlich nicht. Ein solches Verhalten können wir nicht dulden.

Herr Misevic: Ganz meine Meinung, Frau Stark. Meines Erachtens ist die Kündigung die einzig angemessene Reaktion. Einen Mitarbeiter wie Herrn Kramer können wir nicht gebrauchen.

Frau Stark: So einfach ist das leider nicht.

Herr Misevic: Wie meinen Sie das?

Frau Stark: Nun …

Arbeitsaufträge:

1. Kündigungen müssen sozial gerechtfertigt sein, d. h., sie müssen begründet sein. Nennen Sie den vorliegenden Kündigungsgrund im Fall von Herrn Kramer.

____

____

2. Erläutern und begründen Sie, welche Maßnahmen Frau Stark im Fall Kramer ergreifen sollte.

____

____

____

3. Da sich Herrn Kramers Verhalten auch nach den von Ihnen eingeleiteten Maßnahmen nicht ändert, beschließt Frau Stark am 08. 09. 2026, Herrn Kramer so schnell wie möglich zu kündigen.

   Anmerkung: Da die Soester Büromöbel AG keinen Betriebsrat hat, muss ein solcher auch nicht angehört werden.

Personaldaten Andreas Kramer

Geburtsdatum:	08. 02. 1976
Betriebseintritt:	10. 04. 2021
Familienstand:	ledig, keine Kinder
Beurteilung:	Die Leistungen von Herrn Kramer liegen im guten Durchschnitt.

3.1 Begründen Sie, wie lange die Kündigungsfrist beträgt.

____

____

3.2 Nennen Sie das Datum, zu dem Herrn Kramer das Kündigungsschreiben spätestens vorliegen muss.

____

____

3.3 Nennen Sie das Datum, an dem Herr Kramer seinen letzten Arbeitstag hat.

____

4. In besonders schweren Fällen kann einem Mitarbeiter auch ohne Abmahnung und ohne Einhaltung einer Frist gekündigt werden. Man spricht hier von einer sogenannten fristlosen Kündigung. Nennen Sie derartige Gründe.

____

5. Ergänzen Sie folgenden Lückentext.

Betriebsbedingte Kündigungen

Der starke Wettbewerb auf den globalen Märkten zwingt die Unternehmen nicht selten zu Rationalisierungsmaßnahmen, die häufig Kündigungen zur Folge haben. Diese Kündigungen sind durch dringende ____________ Erfordernisse bedingt. Sie sind, wie personen- oder verhaltensbedingte Kündigungen ____________ gerechtfertigt. Allerdings müssen bei notwendigen Entlassungen bestimmte Aspekte berücksichtigt werden. Im Einzelnen sind dies die Dauer der ____________, das ____________ und die ____________. Bestimmte Personengruppen, wie z. B. ____________ ____________ oder ____________ Menschen, haben einen besonderen ____________.

6. Folgenden Mitarbeitern soll ausgehend vom 10. Oktober 2026 schnellstmöglich gekündigt werden. Geben Sie für die fünf Mitarbeiter die jeweilige Kündigungsfrist an.

Mitarbeiter/-in	Tätigkeit	Alter	Betriebseintritt	Kündigungsfrist
A. Schwan	Sekretärin	30 Jahre	01.04.2012	
P. Bullmann	Schreiner	40 Jahre	01.04.2004	
D. Strasser	Einkäufer	23 Jahre	01.02.2024	
L. Beer	Verkäufer	24 Jahre	01.09.2025	
K. Riester	Lagerist	35 Jahre	01.10.2016	

Schulbuch S. 142–145

4 Betriebsrat und Jugend- und Auszubildendenvertretung: mitwirkungs- und mitbestimmungsrechtliche Regelungen anwenden

Situation:

Henning Beer ist seit einem halben Jahr als Einkaufssachbearbeiter bei der Soester Büromöbel AG tätig. Im Fußballstadion trifft er zufällig seinen ehemaligen Arbeitskollegen Fabian Klose und kommt mit ihm ins Gespräch.

Fabian Klose: Mensch Henning, dass ich dich hier treffe!

Henning Beer: Hallo Fabian! Ja, das ist ein Zufall.

Fabian Klose: Wir sollten uns unbedingt mal wieder treffen, aber du weißt ja, die Arbeit lässt einem so wenig Zeit. Wie läuft es denn bei dir so auf der Arbeit?

Henning Beer: Na ja, es geht so.

Fabian Klose: Was soll das denn heißen? Und außerdem, was ist los mit dir, du siehst so geknickt aus?

Henning Beer: Na ja, in der Firma hängt der Haussegen schief. Die Geschäftsführung trifft ständig Entscheidungen, mit denen wir als Belegschaft überhaupt nicht einverstanden sind.

Fabian Klose: Mann, das hört sich nicht gut an. Erzähl doch mal.

Henning Beer: Ach, da kommt so einiges zusammen. Jetzt sollen auch noch im Juli Betriebsferien eingeführt werden. Da wird der Urlaub bald das Dreifache kosten.

Fabian Klose: Mensch, das geht doch nicht. Die können doch nicht einfach mit euch machen, was sie wollen.

Henning Beer: Ja, das denke ich auch. Aber die Geschäftsführung hat gesagt, es ginge nicht anders.

Fabian Klose: Henning, da müsst ihr aber was unternehmen. Das könnt ihr nicht mit euch machen lassen. Ihr müsst euch irgendwie untereinander absprechen und denen da oben sagen, dass das so nicht geht.

Henning Beer: Ich weiß. Du hast recht. Aber was sollen wir tun?

Arbeitsaufträge:

1. Nennen Sie die grundlegende Aufgabe eines Betriebsrates.

____

____

2. Erklären Sie, in welchen Unternehmen Betriebsräte eingerichtet werden dürfen.

____

____

3. Nennen Sie die bei einer Betriebsratswahl wahlberechtigten Arbeitnehmer.

____

____

4. Erklären Sie, welche Arbeitnehmer bei einer Betriebsratswahl wählbar sind.

____

____

5. Erläutern Sie, wovon die Zahl der Betriebsratsmitglieder abhängig ist.

____

____

____

6. Geben Sie an, wie lange der Betriebsrat im Amt bleibt.

____

7. Begründen Sie, ob einem Betriebsrat gekündigt werden kann.

____

8. Prüfen Sie, ob in folgenden Fällen ein Betriebsrat errichtet werden kann:

	Unternehmen	Darf ein Betriebsrat gewählt werden?
A	Sechs Arbeitnehmer (drei langjährige Mitarbeiter, ein 18-jähriger Auszubildender im 2. Ausbildungsjahr und zwei Aushilfen für das Weihnachtsgeschäft).	☐ ja ☐ nein
B	Fünf Arbeitnehmer (vier langjährige Mitarbeiter und zwei 20-jährige Auszubildende im 3. Ausbildungsjahr).	☐ ja ☐ nein
C	Acht Arbeitnehmer (drei langjährige Mitarbeiter, ein 18-jähriger Auszubildender im 2. Ausbildungsjahr, zwei Aushilfen für die Ferienzeit, zwei seit einem Monat im Unternehmen beschäftigte Mitarbeiter).	☐ ja ☐ nein

9. In Unternehmen mit mehreren Auszubildenden und/oder jugendlichen Arbeitnehmern kann neben dem Betriebsrat eine Jugend- und Auszubildendenvertretung (JAV) gewählt werden. Verschaffen Sie sich einen Überblick, indem Sie nachfolgenden Lückentext vervollständigen.

Die Jugend- und Auszubildendenvertretung im Überblick

Aufgrund seiner Altersstruktur ist der Betriebsrat nicht immer geeignet, die Angelegenheiten der jugendlichen ______________ und ______________ entsprechend zu vertreten. Dieses Problem wird durch die Wahl einer ____________________ ________ weitgehend behoben. Sie kann in Betrieben gewählt werden, in denen mindestens ______ Arbeitnehmer beschäftigt sind, die das ______ Lebensjahr noch nicht vollendet haben oder sich in ihrer Berufsausbildung befinden. Wählen kann der oben genannte Personenkreis. Die Amtszeit beträgt ______ Jahre. Die Jugend- und Auszubildendenvertretung hat beispielsweise darüber zu wachen, dass die geltenden ______________, ________ und ______________ eingehalten und die in den ______________ und ______________ vereinbarten Regelungen beachtet werden.

Fortsetzung der Situation:

Bei der Soester Büromöbel AG wurden am 1. März 20.. zum ersten Mal Betriebsratswahlen durchgeführt. Am Montag, den 10. Mai 20.., bittet der Vorstand Herr Sörensen die Betriebsratsmitglieder Frau Bauer und Herrn Musche zu einer ersten Besprechung, um geplante Maßnahmen zu besprechen.

Herr Sörensen: Liebe Kollegen, ich möchte Ihnen zunächst zur Wahl als Betriebsräte gratulieren. Ich gehe von einer guten Zusammenarbeit aus, da wir ja alle das Wohl unseres Unternehmens im Auge haben.

Frau Bauer: Vielen Dank, Herr Sörensen.

Herr Sörensen: Da die Zeit drängt, möchte ich gleich zur Sache kommen. Wir beabsichtigen, in den nächsten 2 Monaten Überstunden zu fahren. Betroffen sind im Wesentlichen die Kollegen aus der Fertigung und dem Verkauf.

Herr Musche: Überstunden? Wieso denn das?

Herr Sörensen: Erfreulicherweise ist die Nachfrage nach unseren neuen Sitz- und Steharbeitsplätzen viel höher als erwartet. Wir kommen mit der Produktion überhaupt nicht mehr nach.

Frau Bauer: Da haben Sie es. Die Mitarbeiter, denen im letzten Jahr betriebsbedingt gekündigt wurde, könnten wir jetzt gut gebrauchen.

Herr Sörensen: Nun ja, letztes Jahr haben wir die Kündigungen für absolut nötig gehalten.

Frau Bauer: Ich will ganz offen sprechen. Das mit den Überstunden wird unseren Kollegen nicht gefallen.

Herr Sörensen: Ob es den Kollegen gefällt oder nicht. Die Überstunden müssen sein.

Herr Musche: Nun mal langsam, Herr Sörensen. So einfach geht das nicht.

10. Begründen Sie, ob Herr Sörensen die Überstunden so einfach anordnen darf.

____

____

____

____

11. Beurteilen Sie die Haltung des Betriebsrates zu den geplanten Überstunden.

____

____

____

____

____

____

____

12. Da die gewählten Betriebsratsmitglieder zwangsläufig über keinerlei Erfahrung als Betriebsräte verfügen, besuchen sie ein Fortbildungsseminar, um sich für die kommenden Aufgaben zu qualifizieren. Im Seminar werden sie mit folgenden Fällen aus der Praxis konfrontiert. Klären Sie, welches Recht der Betriebsrat in den vorliegenden Fällen hat.

	Fälle	Recht des Betriebsrats
A	Das Industrieunternehmen Talbau GmbH & Co KG stellt Komponenten für Waschmaschinen her. Da es in diesem Segment immer mehr Wettbewerber aus dem Ausland gibt, plant die Geschäftsführung umfangreiche Rationalisierungsmaßnahmen.	
B	Aufgrund drastischer Auftragsrückgänge sieht sich die Neumann GmbH gezwungen, Kosten zu senken. Die Geschäftsleitung plant daher, im nächsten Jahr 10 % der Stellen einzusparen. Auf betriebsbedingte Kündigungen wird man vermutlich nicht verzichten können.	
C	Ein Jahr später hat sich die Lage bei der Neumann GmbH nicht verbessert. Die Geschäftsleitung sieht keine andere Möglichkeit, als betriebsbedingte Kündigungen auszusprechen. Konkret betroffen ist unter anderem Daniel Berger, 50-jähriger Mitarbeiter, der seit 12 Jahren im Unternehmen beschäftigt ist.	
D	Die EGS GmbH steht unter starkem Wettbewerbsdruck. Um Kosten zu senken, beabsichtigt der Geschäftsführer die Fertigung umzustrukturieren. Anstelle der Werkstättenfertigung soll die Fließbandfertigung eingeführt werden.	
E	Bei der KIT KG wird bislang von montags bis freitags jeweils 8 Stunden gearbeitet. Um flexibler auf Nachfrageschwankungen reagieren zu können, überlegt sich der Geschäftsführer folgendes Arbeitszeitmodell: Die Wochenarbeitszeit von 40 Stunden soll beibehalten werden. Die täglichen Arbeitszeiten sollen jedoch je nach Auftragslage variieren.	

Anforderungssituation 5.2

Schulbuch S. 150–155

1 Entgeltabrechnungen durchführen

Situation:

Vanessa Bergmann, Mitarbeiterin der Personalabteilung, ist im Hause bei der Soester Büromöbel AG unter anderem für die Entgeltabrechnungen zuständig. Derzeit ist sie damit beschäftigt, zu ermitteln, welcher Betrag den unten aufgeführten Mitarbeitern Ende des Monats auf deren Girokonto zu überweisen ist.

Auszug aus den Personalstammdaten

Name, Vorname	Mancini, Isabella	Scholz, Heiko	Decker, Ben	Wiese, Tim
Tätigkeit im Unternehmen	Verkaufs-sachbearbeiterin	Verkaufs-sachbearbeiter	Abteilungsleiter Absatz	Fertigungs-mitarbeiter
Alter & Familien-stand	30 Jahre verheiratet	42 Jahre geschieden	52 Jahre verheiratet	25 Jahre ledig
Zahl der Kinder	1 Kind	1 Kind	1 Kind	–
Wohnort	Soest/NRW	Duisburg/NRW	Wesel/NRW	Soest/NRW
Kinderfreibetrag	–	1	1	–
Steuerklasse	5	2	3	1
Religions-zugehörigkeit	ev.	rk	–	rk
Bruttoentgelt	2 936,00 EUR	2 713,00 EUR	4 973,00 EUR	17,00 EUR je Stunde
AG-Anteil vL lt. Betriebs-vereinbarung	20,00 EUR	20,00 EUR	20,00 EUR	20,00 EUR
AN-Anteil vL	20,00 EUR	20,00 EUR	20,00 EUR	10,00 EUR
Krankenkassen-Zusatzbeitrag	2,9 %	2,9 %	2,9 %	2,9 %
sonstiges	–	220,00 EUR Über-stundenzuschläge	Geldwerter Vorteil in Form eines Firmenwagens in Höhe von 300,00 EUR pro Monat	Aktueller Monat: Wg. Teilzeit 120 Normal-arbeitsstunden zzgl. 375,00 EUR Zuschläge für Überstunden, hat Anfang des Monats einen Vorschuss von 500,00 EUR erhalten.

Arbeitsaufträge:

1. Informieren Sie sich zunächst über den Aufbau einer Entgeltabrechnung (Material 1) und ermitteln Sie für den aktuellen Monat die Überweisungsbeträge für die einzelnen Mitarbeiter. Nutzen Sie hierzu das Formular (Material 2) sowie die Auszüge aus den Lohnsteuertabellen (Material 3).
2. Berechnen Sie im zweiten Schritt, welcher Betrag insgesamt monatlich für Lohn- und Lohnnebenkosten der einzelnen Mitarbeiter zu veranschlagen ist. Berücksichtigen Sie bei Ihren Berechnungen den monatlichen Beitrag zur Unfallversicherung in Höhe von Ø 1,3 % vom steuer- und sozialversicherungspflichtigen Entgelt.

Berechnungen zum Sozialversicherungsbeitrag	Mancini, Isabella	Scholz, Heiko	Decker, Ben	Wiese, Tim
AG-Anteil zur Sozialversicherung				
Gesamt				
AN-Anteil zur Sozialversicherung (aus Aufgabe 1)				
steuer- und sozialversicherungspflichtiges Entgelt				
gesamter Sozialversicherungsbeitrag				
Gesamtbetrag für Lohn- und Lohnnebenkosten				

3. Nehmen Sie an, Ben Decker würde als Abteilungsleiter ein steuer- und sozialversicherungspflichtiges Entgelt in Höhe von 5 900,00 EUR erhalten. Erläutern Sie, was in diesem Fall bei der Berechnung seines Kranken- und Pflegeversicherungsbeitrags zu berücksichtigen ist. Veranschaulichen Sie den Sachverhalt auch rechnerisch.

4. Führen Sie neben den anteiligen Sozialversicherungsbeiträgen weitere Lohnnebenkosten an, die von der Soester Büromöbel AG getragen werden müssen.

Lohnnebenkosten

1		5	
2		6	
3		7	
4		8	

5. Im Lager der Soester Büromöbel AG arbeiten drei Mitarbeiter auf Minijob-Basis. Vervollständigen Sie in diesem Zusammenhang folgenden Lückentext.

Minijob mit Verdienstgrenze

Ein Minijob mit Verdienstgrenze ist eine Form der geringfügigen Beschäftigung, bei der ein Arbeitnehmer monatlich maximal (1) 603 Euro verdienen darf. Dieser Betrag orientiert sich am (2) ________ Mindestlohn. Liegt der gesetzliche Mindestlohn beispielsweise bei 13,90 Euro, beträgt die (3) ________ monatliche (4) ________ etwa 43 Stunden. Zahlt der Arbeitgeber einen (5) ________ Lohn, ist die maximale monatliche Arbeitszeit entsprechend (6) ________. Minijobs sind für Arbeitnehmer in der Regel (7) ________, mit Ausnahme der (8) ________, in die sie 3,6 % ihres Lohns einzahlen müssen. Hiervon kann sich der Arbeitnehmer allerdings per Antrag (9) ________ lassen. Arbeitgeber zahlen für einen Minijob pauschale Abgaben in Höhe von (10) ________ % für die Rentenversicherung und 13 % für die (11) ________. Zusätzlich fällt eine (12) ________ Steuer von 2 % an. Insgesamt kostet ein Minijob dem Arbeitgeber also (13) ________ als den tatsächlich ausgezahlten Lohn. Auch für Minijobber gilt der arbeitsrechtliche Grundsatz der (14) ________. Wenn die anderen Arbeitnehmer des Unternehmens (15) ________ oder Weihnachtsgeld erhalten, muss es diese Leistungen (16) ________ für die Minijobber geben. Auch der Anspruch auf Lohnfortzahlung im (17) ________ besteht ebenso wie der Anspruch auf bezahlten (18) ________.

Füllwörter

☐ Gleichbehandlung	☐ befreien	☐ Urlaubsgeld	☐ Rentenversicherung
☐ Erholungsurlaub	☐ höheren	☐ 15	☐ auch
☐ Arbeitszeit	☐ maximale	☐ sozialversicherungsfrei	☐ pauschale
☐ Krankheitsfall	☐ gesetzlichen	☐ mehr	☐ kürzer
☐ Krankenversicherung	☑ 603		

6. Jessica Baumann arbeitet bei der Soester Büromöbel AG auf Minijob-Basis im Werkstofflager und verdient monatlich 603,00 EUR. Um im Alter zumindest etwas abgesichert zu sein, hat sie sich nicht von der Rentenversicherungspflicht befreien lassen.

6.1 Berechnen Sie das monatliche Nettoentgelt von Jessica Baumann.

6.2 Ermitteln Sie die Lohnkosten, die die Soester Büromöbel AG monatlich einplanen muss.

Material 1: Auszug aus dem 1 x 1 des Personalmanagements

Entgeltabrechnung

Grundlagen

Jeder Arbeitnehmer (AN), d.h. Arbeiter, Angestellte und auch Auszubildende, muss von seinem Arbeitsentgelt (Löhne, Gehälter und Ausbildungsvergütungen) **Steuern** an den Staat entrichten. Im Einzelnen sind dies die Lohnsteuer, die Kirchensteuer und ggf. der Solidaritätszuschlag.

Die Höhe der Lohnsteuer hängt im Wesentlichen von der Höhe des Arbeitsentgelts, der Steuerklasse und dem aktuellen Steuersatz ab. Die Kirchensteuer wird von der Lohnsteuer berechnet. Sie variiert je nach Bundesland zwischen 8 und 9 %. In Bayern und Baden-Württemberg beträgt der KSt-Satz 8 %, in den übrigen Bundesländern 9 %. Der Solidaritätszuschlag, der zur Unterstützung der neuen Bundesländer erhoben wurde, ist 2021 für rund 90 % aller Arbeitnehmer abgeschafft worden. Nur sehr hohe Einkommen werden noch mit dem Solidaritätszuschlag besteuert. Die konkreten Beträge für das steuerpflichtige Arbeitsentgelt müssen nicht extra rechnerisch ermittelt werden, sondern können aus sogenannten Lohnsteuertabellen herausgelesen werden. Die Lohnsteuer und evtl. die Kirchensteuer sind vom Arbeitgeber (AG) an das Finanzamt zu überweisen.

Zusätzlich zu den oben aufgeführten Steuern muss jeder Arbeitnehmer Beiträge an die gesetzlichen **Sozialversicherungen** abführen. Die Sozialversicherungsbeitragssätze sind vom Gesetzgeber festgelegt und werden von Zeit zu Zeit angepasst. Die gesamten Sozialversicherungsbeiträge sind vom Arbeitgeber bis zum drittletzten Bankarbeitstag des Abrechnungsmonats an die Einzugsstelle (i.d.R. die Krankenkasse des betreffenden Arbeitnehmers) abzuführen, die die einzelnen Beträge an die jeweiligen Sozialversicherungsträger überweist.

Gesetzliche Sozialversicherungen	Beitragssatz 2026	Finanzierung	Bemerkung
Rentenversicherung	18,6 %	AN und AG tragen jeweils 50 %	
Arbeitslosen-versicherung	2,6 %	AN und AG tragen jeweils 50 %	
Unfallversicherung	Ø 1,2 %	AG trägt 100 %	Der Beitragssatz hängt von der Unfallgefahr und der Lohnsumme in einem Betrieb ab.
Pflegeversicherung	3,6 % mit einem Kind (mit 2 Kindern 3,35 %; mit 3 Kindern 3,1 %)	AN und AG tragen jeweils 50 %	Kinderlose Arbeitnehmer müssen einen Beitragszuschlag in Höhe von 0,6 % zahlen. Ihr Beitragssatz erhöht sich daher von 1,8 % auf 2,4 %. Der AG-Anteil bleibt bei 1,8 %.
Krankenversicherung	14,6 % plus Zusatzbeitrag	AN und AG tragen jeweils 50 %	Um ihre Kosten zu decken, erheben die verschiedenen Krankenkassen einen individuellen Zusatzbeitrag. Davon übernehmen AN und AG jeweils die Hälfte. Der Ø Zusatzbeitrag liegt derzeit bei 2,9 %.

Die Höhe der Sozialversicherungsbeiträge, die ein Arbeitnehmer zu entrichten hat, ist abhängig von der Höhe des Arbeitsentgelts. Je höher das Arbeitsentgelt, desto höher die Sozialversicherungsbeiträge. Allerdings gibt es für die einzelnen Sozialversicherungsbeiträge sogenannte Beitragsbemessungsgrenzen, die jährlich angepasst werden. Erhält ein Arbeitnehmer ein Arbeitsentgelt, das höher ist als die Beitragsbemessungsgrenze, wird der Sozialversicherungsbeitrag nicht vom Arbeitsentgelt, sondern von der Beitragsbemessungsgrenze ermittelt. Man spricht in diesem Zusammenhang auch vom sozialversicherungspflichtigen Arbeitsentgelt.

Sozialversicherungszweige	Beitragsbemessungsgrenzen 2026
Kranken- und Pflegeversicherung	5812,50 EUR
Renten- und Arbeitslosenversicherung	8450,00 EUR

Zusatzinformationen

Die Höhe der zu zahlenden Lohnsteuer hängt neben der Höhe des steuerpflichtigen Entgelts von der **Steuerklasse** ab.

Steuerklassen	Bedeutung
Steuerklasse I	ledige oder geschiedene Arbeitnehmer
Steuerklasse II	ledige oder geschiedene Arbeitnehmer mit Kindern
Steuerklasse III	verheiratete Arbeitnehmer, deren Ehepartner kein Arbeitsentgelt bezieht oder Arbeitsentgelt bezieht und in Steuerklasse V eingereiht wird
Steuerklasse IV	verheiratete Arbeitnehmer, die beide Arbeitsentgelt beziehen
Steuerklasse V	tritt für Ehepartner an die Stelle der Steuerklasse IV, wenn der andere Ehegatte in die Steuerklasse III eingereiht wird
Steuerklasse VI	Arbeitnehmer, die nebeneinander von mehreren Arbeitgebern Arbeitsentgelt beziehen (z.B. bei Nebentätigkeiten)

Für jedes Kind kann ein **Kinderfreibetrag** (Kifb.) beantragt werden. Die Anzahl der zustehenden Kinderfreibeträge wird als elektronisches Lohnsteuerabzugsmerkmal (kurz: ELStAM[1]) erfasst und dann automatisch bei der Berechnung der eventuellen Kirchensteuer berücksichtigt. Auf die Lohnsteuer haben die Kinderfreibeträge keine Auswirkung.

Nicht selten erhalten Arbeitnehmer zusätzlich zu ihrem Arbeitsentgelt sogenannte Sachbezüge, die auch **geldwerte Vorteile** genannt werden. Hierzu zählt auch die ständige Überlassung von Dienstfahrzeugen zur privaten Nutzung. Geldwerte Vorteile sind lohn- und sozialversicherungspflichtig. Bei der Berechnung des geldwerten Vorteils bei der privaten Nutzung von Dienstfahrzeugen kommt häufig die pauschale 1 %-Regelung zur Anwendung, d.h., der Arbeitnehmer muss monatlich 1 % des Bruttolistenpreises des Fahrzeugs zum Zeitpunkt der Erstzulassung versteuern. Darüber hinaus müssen für Fahrten zwischen Wohnung und Arbeitsstätte monatlich 0,03 % des o.g. Bruttolistenpreises pro Entfernungskilometer versteuert werden.

Die monatlich zu leistenden **Arbeitsstunden** sowie die **Überstundenzuschläge** ergeben sich i.d.R. aus den Vereinbarungen in den Manteltarifverträgen in der betreffenden Branche oder den Betriebsvereinbarungen.

Häufig haben Arbeitnehmer Anspruch auf **vermögenswirksame Leistungen** des Arbeitgebers. Ob und in welcher Höhe, ist ebenfalls in den Manteltarifverträgen der betreffenden Branche oder in Betriebsvereinbarungen festgelegt. Vermögenswirksame Leistungen (vL) des Arbeitgebers führen zu einer Erhöhung des monatlichen Bruttoentgelts und sind somit steuer- und sozialversicherungspflichtig. Der Arbeitnehmer kann nun entscheiden, ob er sich mit dem Sparbetrag des Arbeitgebers zufrieden gibt oder ob er den Betrag aus eigenen Mitteln aufstockt. Der gesamte Sparbetrag wird für einen Zeitraum von 7 Jahren angelegt. 6 Jahre lang wird angespart, 1 Jahr liegt das Geld dann noch fest.

1 Die Finanzverwaltung ist dafür zuständig, dem Arbeitgeber die notwendigen Merkmale für die Besteuerung des Arbeitnehmers zu übermitteln. Der Arbeitgeber ist verpflichtet, die Lohnsteuerabzugsmerkmale seiner Mitarbeiter elektronisch aus der **ELStAM-Datenbank** der Finanzverwaltung abzurufen. Dazu muss er sich über das **ElsterOnline-Portal** bei der Finanzverwaltung authentifizieren. Die dem Lohnsteuerabzug zugrunde gelegten Lohnsteuerabzugsmerkmale muss der Arbeitgeber in der Entgeltabrechnung ausweisen.

Material 2: Formular zur Entgeltabrechnung

Lohn- und Gehaltsabrechnung	Mitarbeiter			
	Isabella Mancini	Heiko Scholz	Ben Decker	Tim Wiese
Bruttoentgelt				
+ AG-Anteil vL				
+ Sonderzahlungen (z. B. Urlaubsgeld)				
+ Überstundenzuschläge				
+ geldwerter Vorteil				
= **steuer- und sozialversicherungspflichtiges Entgelt**				
– Lohnsteuer				
– Kirchensteuer				
– AN-Anteil Krankenversicherung				
– AN-Anteil Krankenkassen-Zusatzbeitrag				
– AN-Anteil Pflegeversicherung				
– AN-Anteil Rentenversicherung				
– AN-Anteil Arbeitslosenversicherung				
= **Nettoentgelt**				
– Sparbetrag vL				
– Vorschuss				
– geldwerter Vorteil				
= **Überweisungsbetrag**				

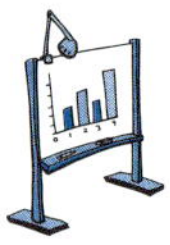

Material 3: Lohnsteuertabelle (Monat)

Abzüge an Lohnsteuer, Solidaritätszuschlag (SolZ) und Kirchensteuer (8%, 9%) in den Steuerklassen

Lohn/ Gehalt Versorgungs-Bezug bis €	I–VI					I, II, III, IV		mit Zahl der Kinderfreibeträge . . . 0,5			1			1,5			2			2,5			3		
		LSt	ohne Kinderfreibeträge SolZ	8%	9%		LSt	SolZ	8%	9%	SolZ	8%	9%	SolZ	8%	9%	SolZ	8%	9%	SolZ	8%	9%	SolZ	8%	9%
2 429,99	I,IV	197,50	—	15,80	17,77	I	197,50	—	8,01	9,01	—	1,51	1,70	—	—	—	—	—	—	—	—	—	—	—	—
	II	108,16	—	8,65	9,73	II	108,16	—	1,96	2,21	—	—	—	—	—	—	—	—	—	—	—	—	—	—	—
	III	—	—	—	—	III	—	—	—	—	—	—	—	—	—	—	—	—	—	—	—	—	—	—	—
	V	474,—	—	37,92	42,66	IV	197,50	—	11,84	13,32	—	8,01	9,01	—	4,44	4,99	—	1,51	1,70	—	—	—	—	—	—
	VI	518,25	—	41,46	46,64																				
2 432,99	I,IV	198,08	—	15,84	17,82	I	198,08	—	8,06	9,06	—	1,54	1,73	—	—	—	—	—	—	—	—	—	—	—	—
	II	108,75	—	8,70	9,78	II	108,75	—	2,—	2,25	—	—	—	—	—	—	—	—	—	—	—	—	—	—	—
	III	—	—	—	—	III	—	—	—	—	—	—	—	—	—	—	—	—	—	—	—	—	—	—	—
	V	475,—	—	38,—	42,75	IV	198,08	—	11,88	13,37	—	8,06	9,06	—	4,48	5,04	—	1,54	1,73	—	—	—	—	—	—
	VI	519,33	—	41,54	46,73																				
2 435,99	I,IV	198,75	—	15,90	17,88	I	198,75	—	8,10	9,11	—	1,58	1,77	—	—	—	—	—	—	—	—	—	—	—	—
	II	109,33	—	8,74	9,83	II	109,33	—	2,03	2,28	—	—	—	—	—	—	—	—	—	—	—	—	—	—	—
	III	—	—	—	—	III	—	—	—	—	—	—	—	—	—	—	—	—	—	—	—	—	—	—	—
	V	476,—	—	38,08	42,84	IV	198,75	—	11,94	13,43	—	8,10	9,11	—	4,52	5,09	—	1,58	1,77	—	—	—	—	—	—
	VI	520,33	—	41,62	46,82																				
2 438,99	I,IV	199,33	—	15,94	17,93	I	199,33	—	8,15	9,17	—	1,61	1,81	—	—	—	—	—	—	—	—	—	—	—	—
	II	110,—	—	8,80	9,90	II	110,—	—	2,06	2,32	—	—	—	—	—	—	—	—	—	—	—	—	—	—	—
	III	—	—	—	—	III	—	—	—	—	—	—	—	—	—	—	—	—	—	—	—	—	—	—	—
	V	477,—	—	38,16	42,93	IV	199,33	—	11,98	13,48	—	8,15	9,17	—	4,56	5,13	—	1,61	1,81	—	—	—	—	—	—
	VI	521,33	—	41,70	46,91																				
2 441,99	I,IV	200,—	—	16,—	18,—	I	200,—	—	8,20	9,22	—	1,64	1,85	—	—	—	—	—	—	—	—	—	—	—	—
	II	110,58	—	8,84	9,95	II	110,58	—	2,10	2,36	—	—	—	—	—	—	—	—	—	—	—	—	—	—	—
	III	—	—	—	—	III	—	—	—	—	—	—	—	—	—	—	—	—	—	—	—	—	—	—	—
	V	478,08	—	38,24	43,02	IV	200,—	—	12,03	13,53	—	8,20	9,22	—	4,60	5,18	—	1,64	1,85	—	—	—	—	—	—
	VI	522,41	—	41,79	47,01																				

• •

Abzüge an Lohnsteuer, Solidaritätszuschlag (SolZ) und Kirchensteuer (8%, 9%) in den Steuerklassen

Lohn/ Gehalt Versorgungs-Bezug bis €	I–VI					I, II, III, IV		mit Zahl der Kinderfreibeträge . . . 0,5			1			1,5			2			2,5			3		
		LSt	ohne Kinderfreibeträge SolZ	8%	9%		LSt	SolZ	8%	9%	SolZ	8%	9%	SolZ	8%	9%	SolZ	8%	9%	SolZ	8%	9%	SolZ	8%	9%
2 948,99	I,IV	310,50	—	24,84	27,94	I	310,50	—	16,48	18,54	—	8,66	9,74	—	1,96	2,21	—	—	—	—	—	—	—	—	—
	II	214,75	—	17,18	19,32	II	214,75	—	9,30	10,46	—	2,44	2,74	—	—	—	—	—	—	—	—	—	—	—	—
	III	56,33	—	4,50	5,06	III	56,33	—	—	—	—	—	—	—	—	—	—	—	—	—	—	—	—	—	—
	V	634,83	—	50,78	57,13	IV	310,50	—	20,60	23,17	—	16,48	18,54	—	12,50	14,06	—	8,66	9,74	—	5,01	5,63	—	1,96	2,21
	VI	675,16	—	54,01	60,76																				
2 951,99	I,IV	311,16	—	24,89	28,—	I	311,16	—	16,54	18,60	—	8,70	9,79	—	2,—	2,25	—	—	—	—	—	—	—	—	—
	II	215,33	—	17,22	19,37	II	215,33	—	9,35	10,52	—	2,47	2,78	—	—	—	—	—	—	—	—	—	—	—	—
	III	56,66	—	4,53	5,09	III	56,66	—	—	—	—	—	—	—	—	—	—	—	—	—	—	—	—	—	—
	V	635,83	—	50,86	57,22	IV	311,16	—	20,65	23,23	—	16,54	18,60	—	12,56	14,13	—	8,70	9,79	—	5,05	5,68	—	2,—	2,25
	VI	676,16	—	54,09	60,85																				
2 954,99	I,IV	311,83	—	24,94	28,06	I	311,83	—	16,58	18,65	—	8,75	9,84	—	2,03	2,28	—	—	—	—	—	—	—	—	—
	II	216,—	—	17,28	19,44	II	216,—	—	9,40	10,57	—	2,50	2,81	—	—	—	—	—	—	—	—	—	—	—	—
	III	57,16	—	4,57	5,14	III	57,16	—	—	—	—	—	—	—	—	—	—	—	—	—	—	—	—	—	—
	V	636,66	—	50,93	57,29	IV	311,83	—	20,70	23,29	—	16,58	18,65	—	12,60	14,18	—	8,75	9,84	—	5,09	5,72	—	2,03	2,28
	VI	677,—	—	54,16	60,93																				
2 957,99	I,IV	312,58	—	25,—	28,13	I	312,58	—	16,64	18,72	—	8,80	9,90	—	2,06	2,32	—	—	—	—	—	—	—	—	—
	II	216,66	—	17,33	19,49	II	216,66	—	9,44	10,62	—	2,54	2,86	—	—	—	—	—	—	—	—	—	—	—	—
	III	57,66	—	4,61	5,18	III	57,66	—	—	—	—	—	—	—	—	—	—	—	—	—	—	—	—	—	—
	V	637,66	—	51,01	57,38	IV	312,58	—	20,76	23,35	—	16,64	18,72	—	12,65	14,23	—	8,80	9,90	—	5,14	5,78	—	2,06	2,32
	VI	678,—	—	54,24	61,02																				
• • •		• • •	• • •				• • •	• • •			• • •			• • •			• • •			• • •			• • •		
5 291,99	I,IV	920,83	—	73,66	82,87	I	920,83	—	62,73	70,57	—	52,32	58,86	—	42,43	47,73	—	33,07	37,20	—	24,23	27,26	—	15,91	17,90
	II	795,58	—	63,64	71,60	II	795,58	—	53,18	59,83	—	43,25	48,65	—	33,84	38,07	—	24,96	28,08	—	16,60	18,67	—	8,76	9,86
	III	518,50	—	41,48	46,66	III	518,50	—	33,25	37,40	—	25,28	28,44	—	17,57	19,76	—	10,25	11,53	—	4,12	4,63	—	—	—
	V	1 427,33	—	114,18	128,45	IV	920,83	—	68,13	76,64	—	62,73	70,57	—	57,46	64,64	—	52,32	58,86	—	47,31	53,22	—	42,43	47,73
	VI	1 471,66	—	117,73	132,44																				
5 294,99	I,IV	921,83	—	73,74	82,96	I	921,83	—	62,80	70,65	—	52,39	58,94	—	42,50	47,81	—	33,13	37,27	—	24,29	27,32	—	15,97	17,96
	II	796,50	—	63,72	71,68	II	796,50	—	53,26	59,91	—	43,32	48,74	—	33,91	38,15	—	25,02	28,15	—	16,66	18,74	—	8,82	9,92
	III	519,16	—	41,53	46,72	III	519,16	—	33,30	37,46	—	25,33	28,49	—	17,62	19,82	—	10,29	11,57	—	4,14	4,66	—	—	—
	V	1 428,50	—	114,28	128,56	IV	921,83	—	68,21	76,73	—	62,80	70,65	—	57,54	64,73	—	52,39	58,94	—	47,38	53,30	—	42,50	47,81
	VI	1 472,75	—	117,82	132,54																				
5 297,99	I,IV	922,83	—	73,82	83,05	I	922,83	—	62,88	70,74	—	52,46	59,02	—	42,57	47,89	—	33,20	37,35	—	24,35	27,39	—	16,02	18,02
	II	797,41	—	63,79	71,76	II	797,41	—	53,33	59,99	—	43,39	48,81	—	33,97	38,21	—	25,08	28,22	—	16,71	18,80	—	8,87	9,98
	III	520,—	—	41,60	46,80	III	520,—	—	33,36	37,53	—	25,38	28,55	—	17,68	19,89	—	10,34	11,63	—	4,18	4,70	—	—	—
	V	1 429,58	—	114,36	128,66	IV	922,83	—	68,28	76,82	—	62,88	70,74	—	57,60	64,80	—	52,46	59,02	—	47,45	53,38	—	42,57	47,89
	VI	1 473,91	—	117,91	132,65																				
5 300,99	I,IV	923,83	—	73,90	83,14	I	923,83	—	62,96	70,83	—	52,54	59,10	—	42,64	47,97	—	33,26	37,42	—	24,41	27,46	—	16,08	18,09
	II	798,33	—	63,86	71,84	II	798,33	—	53,40	60,07	—	43,46	48,89	—	34,04	38,29	—	25,14	28,28	—	16,77	18,86	—	8,92	10,04
	III	520,66	—	41,65	46,85	III	520,66	—	33,41	37,58	—	25,44	28,62	—	17,73	19,94	—	10,38	11,68	—	4,22	4,75	—	—	—
	V	1 430,75	—	114,46	128,76	IV	923,83	—	68,36	76,91	—	62,96	70,83	—	57,68	64,89	—	52,54	59,10	—	47,52	53,46	—	42,64	47,97
	VI	1 475,08	—	118,—	132,75																				

Schulbuch S. 157–160

2 Löhne mithilfe unterschiedlicher Lohnformen berechnen

Situation:

Am 1. Oktober 20.. tritt Lucas Wegmann seine Stelle als kaufmännischer Mitarbeiter in der Personalabteilung der Soester Büromöbel AG an. Seine Aufgabe soll darin bestehen, die Bruttolöhne und -gehälter der bei der Soester Büromöbel AG beschäftigten Mitarbeiter zu ermitteln. Nachdem ihn Frau Stark, Leiterin der Personalabteilung, im Betrieb herumgeführt und ihn den Mitarbeitern seiner Abteilung vorgestellt hat, beginnt Lucas Wegmann damit, sich in seine Aufgabe einzuarbeiten.

Zur Berechnung der Löhne liegen Lucas Wegmann die folgenden Informationen vor:

Interne Mitteilung

SB Soester Büromöbel AG

an: Lucas Wegmann
von: Meike Klar

Abteilung: Personal
Datum: 02.10.20..
Zeichen: kla

Personaldaten

Facharbeiterlöhne

Facharbeiter	Bruttolohn
Lohngruppe 1	15,00 EUR je Std.
Lohngruppe 2	16,00 EUR je Std.
Lohngruppe 3	18,00 EUR je Std.
Lohngruppe 4	20,00 EUR je Std.

Gewinnbeteiligung (am Ende des Jahres)*

Mitarbeiter	Gewinnbeteiligung
Hilfsarbeiter	0,15 %
Facharbeiter	0,20 %
Sachbearbeiter	0,20 %
Abteilungsleiter	0,25 %

* Der aktuelle Jahresgewinn beträgt 2.000.000,00 EUR.

Unfallverhütungsprämien

In unfallfreien Monaten wird in der Werkstatt „Sägen" eine Unfallverhütungsprämie von 5 % des Bruttolohns gezahlt (gültig seit Juni 20..).

Akkordlöhne in der Montageabteilung

Akkorddaten	
Mindestlohn bei der Soester Büromöbel AG	15,00 EUR je Std.
Akkordzuschlag	12,50 %
Normalleistung	10 Einheiten

Leistungsdaten	
Mitarbeiter	**Ø Istleistung pro Std.**
Hans Meyer	14 Einheiten
Fritz Funke	11 Einheiten
Gerd Hanke	14 Einheiten
Peter Meiser	11 Einheiten

Arbeitsaufträge:

1. Abina Buhari arbeitet als Facharbeiterin in der Werkstatt „Sägen". Ihre Tätigkeit ist der Lohngruppe 3 zugeordnet. Frau Buhari arbeitet täglich 8 Stunden. Für den Monat März sind 20 Arbeitstage zu veranschlagen. Berechnen Sie auf der Basis der internen Mitteilung den Bruttomonatslohn für Frau Buhari.

2. Da die Mitarbeiter in der Werkstatt „Sägen" in einem sehr unfallträchtigen Bereich arbeiten, beschließt die Geschäftsführung der Soester Büromöbel AG, ab Juni die Einführung einer Unfallverhütungsprämie, wenn es auf den Monat bezogen zu keinen Unfällen kommt. Ermitteln Sie, um wie viel EUR sich der Bruttolohn von Frau Buhari unter der oben genannten Voraussetzung erhöht.

3. Nennen Sie zwei Probleme, die sich für ein Unternehmen ergeben können, wenn beispielsweise Prämien für die Einhaltung der Liefertermine gezahlt werden.

4. Erläutern Sie, wovon es in der Praxis abhängen wird, ob die Beteiligung der Mitarbeiter am Gewinn tatsächlich zu einer höheren Motivation und damit zu einer höheren Leistungsbereitschaft führt.

5. In der Montageabteilung der Soester Büromöbel AG, in der die Mitarbeiter Meyer, Funke, Hanke und Meiser tätig sind, wurde vor einigen Monaten der Akkordlohn eingeführt. Der Akkordlohn kann auf zwei verschiedene Arten berechnet werden.

Infobox

Variante A: Geldakkord (Stückakkord)

Beim Geldakkord wird ein Lohnsatz je Mengeneinheit festgelegt. Man bezeichnet diesen Lohnsatz als Stückakkordsatz oder auch als Stückgeld.

Akkordrichtsatz: (Grundlohn) Mindestlohn + Akkordzuschlag

Stückakkordsatz: (Stückgeld) $\frac{\text{Akkordrichtsatz (in EUR pro Std.)}}{\text{Normalleistung/Std.}}$

Bruttostundenlohn: (Arbeitsentgelt) Stückakkordsatz · Istleistung/Std.

Variante B: Zeitakkord (Stückzeitakkord)

Beim Zeitakkord wird eine Vorgabezeit je Mengeneinheit festgelegt. Man bezeichnet diese Vorgabezeit als Zeitakkordsatz.

Akkordrichtsatz: (Grundlohn) Mindestlohn + Akkordzuschlag

Zeitakkordsatz: (Vorgabezeit) $\frac{\text{60 Minuten}}{\text{Normalleistung/Std.}}$

Minutenfaktor: $\frac{\text{Akkordrichtsatz (in EUR pro Std.)}}{60}$

Bruttostundenlohn: (Arbeitsentgelt) Minutenfaktor · Vorgabezeit · Istleistung/Std.

5.1 Berechnen Sie im Rahmen des **Geldakkords** folgende Größen:

5.1.1 den Akkordrichtsatz

5.1.2 den Stückgeldakkordsatz

5.1.3 den Bruttostundenlohn der Mitarbeiter Meyer und Funke

5.2 Berechnen Sie im Rahmen des **Zeitakkords** folgende Größen:

5.2.1 die Vorgabezeit

5.2.2 den Minutenfaktor (auf 3 Stellen nach dem Komma runden)

5.2.3 den Bruttostundenlohn der Mitarbeiter Hanke und Meiser

6. Erläutern Sie, für welche Tätigkeiten der Akkordlohn eher ungeeignet ist.

7. Nennen Sie Vor- und Nachteile, die der Akkordlohn für Arbeitnehmer und Arbeitgeber mit sich bringt.

Akkordlohn aus Sicht des Arbeitgebers	
Vorteile	**Nachteile**

Akkordlohn aus Sicht des Arbeitnehmers	
Vorteile	**Nachteile**

8. Deniz Gündogan, Mitarbeiter der Soester Büromöbel AG, hat gemäß Tarifvertrag 15,00 EUR Mindestlohn. Der Akkordzuschlag beträgt 20 %. Die Normalleistung des Mitarbeiters beträgt 10 Teile je Stunde. Der Mitarbeiter hat im November 1.000 Einheiten angefertigt.

8.1 Ermitteln Sie den Akkordrichtsatz.

8.2 Ermitteln Sie seinen Bruttolohn im November mithilfe des Stückgeldakkords.

Schulbuch S. 170–184

3 Das Sozialversicherungssystem erkunden

Situation:

Fabienne Höger, Katrin Reif und Marc Otto, alle drei Mitte zwanzig, sind nach abgeschlossenem Studium als Sachbearbeiter mit Perspektive bei der Soester Büromöbel AG eingestellt worden. Sie treffen sich fast jeden Tag in der Kantine zum Mittagesssen. Meist ergibt sich während des Mittagessens eine angeregte Unterhaltung.

Fabienne: Sag mal, habt ihr das auch gesehen? Durch die Sozialversicherungsbeiträge schmälert sich unser Gehalt unglaublich. Wir würden viel mehr herausbekommen, wenn wir diese Beiträge nicht zahlen müssten.

Katrin: Ja, ich habe auch schwer geschluckt, als ich meine letzte Abrechnung gesehen habe.

Marc: Schön und gut, aber da kommen wir wohl nicht drum herum, oder?

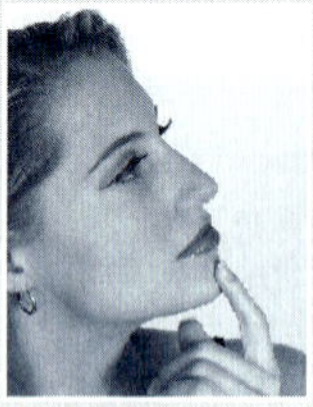

Fabienne: Also, ich trete zumindest aus der Rentenversicherung aus. Ich meine, wenn ich später mal richtig Geld verdiene, dann kann ich immer noch anfangen, für meine Rente zu sparen. Man kann zum Beispiel auch privat Altersvorsorge betreiben. Altersvorsorgedepot oder so heißt das.

Marc: Aber eine Arbeitslosenversicherung find ich schon gut. Heute ist ja kaum ein Arbeitsplatz sicher.

Katrin: Stimmt, aber bevor die zahlen, muss man doch erst eine ganze Weile einbezahlt haben, oder? Wisst ihr vielleicht wie lange?

Fabienne: Weiß ich auch nicht so genau. Ich habe mich auf jeden Fall entschieden, eine private Krankenversicherung abzuschließen. Da wird man als Patient ganz anders versorgt.

Marc: Das ist dann aber doch sicher noch teurer?

Katrin: Wisst ihr was? Ich habe doch einen guten Draht zu Frau Bergmann aus der Personalabteilung. Die kennt sich bestimmt mit dem Thema Sozialversicherungen aus. Ich frag mal nach, ob sie das vernünftig erklären kann.

Arbeitsaufträge:

1. Informieren Sie sich umfassend über die Zweige der gesetzlichen Sozialversicherung und halten Sie die wesentlichen Merkmale in der zur Verfügung stehenden Übersicht fest (Material 1).

   Orientieren Sie sich hierbei an folgenden Leitfragen:

   - Wer ist Träger dieser Sozialversicherung **(T)**?
   - Wer ist versicherungspflichtig **(V)**?
   - Welche Leistungen werden erbracht **(L)**?

2. Die Kluft zwischen den Einnahmen der Krankenkassen und den ständig steigenden Ausgaben wird trotz der in den letzten Jahren steigenden Beitragssätze immer größer.

   2.1 Nennen Sie zwei grundsätzlich denkbare Lösungen, um das Problem in den Griff zu bekommen.

   - ______________________________
   - ______________________________

2.2 Nennen Sie mögliche Ursachen für die Misere.

2.3 Begründen Sie, welche der unter 2.1 genannten Lösungsmöglichkeiten Sie favorisieren würden.

3. Analysieren Sie das Schaubild zur Rentenproblematik anhand folgender Leitfragen.

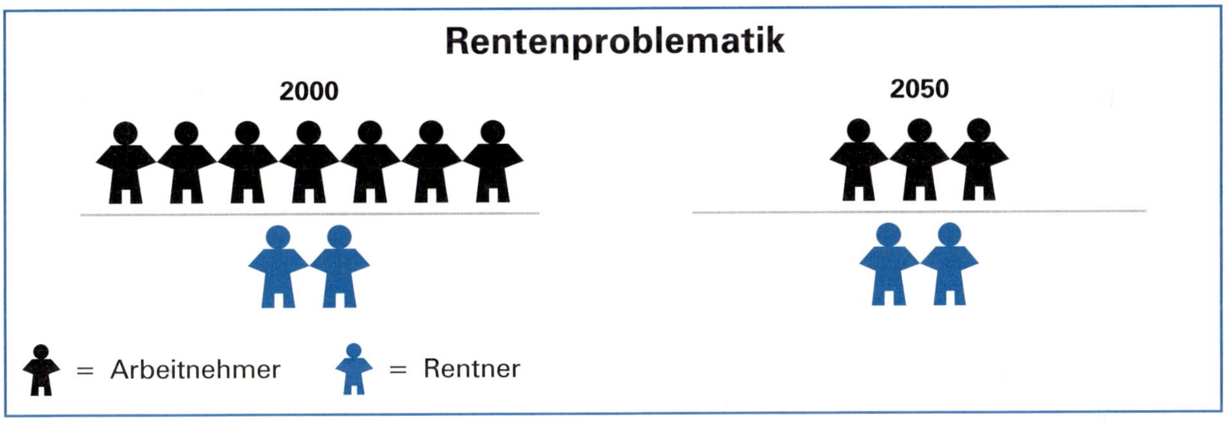

3.1 Welches Problem ergibt sich aus dem obigen Schaubild?

3.2 Welche Konsequenzen hat dies für die Rentner im Jahr 2050?

3.3 Wie versucht der Staat das Problem zu lösen?

4. Bearbeiten Sie den Test zum Thema Sozialversicherungen (Material 2).

Material 1: Übersicht „Gesetzliche Sozialversicherungen“

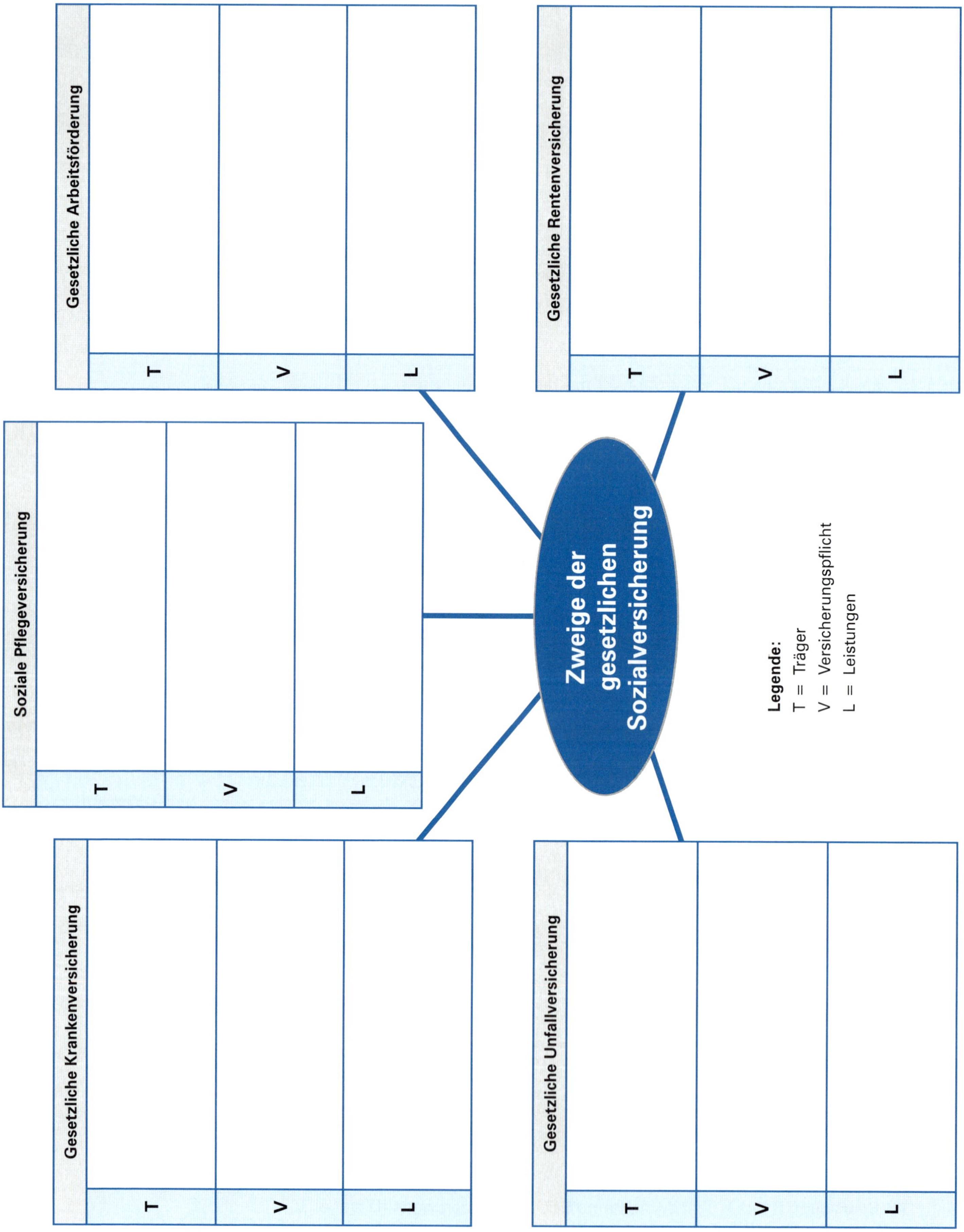

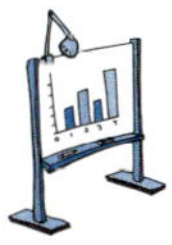

Material 2: Test „Sozialversicherungen“

Test „Sozialversicherungen“

Name	
Punkte	___________ von 35 Punkten
%-Satz	

Aufgabe A: Richtig oder falsch? (11 Punkte)

Aussagen	① = Richtig ⑨ = Falsch
Die gesetzliche Sozialversicherung ist durch das Solidaritätsprinzip gekennzeichnet: „Einer für alle, alle für einen.“	
Der Arbeitgeber muss den Arbeitnehmer spätestens innerhalb von sechs Wochen nach Beginn der Beschäftigung bei einer gesetzlichen Krankenkasse anmelden.	
Die Beitragssätze sind in allen gesetzlichen Sozialversicherungszweigen gleich.	
Alle Arbeitnehmer sind unabhängig vom Einkommen in der gesetzlichen Krankenversicherung pflichtversichert.	
Das Arbeitslosengeld wird prinzipiell aus den Beiträgen zur Arbeitslosenversicherung finanziert, das Grundsicherungsgeld hingegen aus Steuereinnahmen.	
Frauen oder Männer, die aus einem Arbeitsverhältnis ausscheiden, um sich z. B. um die Familie zu kümmern, können sich freiwillig in der Rentenversicherung weiterversichern.	
Die drei Säulen der Altersvorsorge sind die gesetzliche Rentenversicherung, die private Altersvorsorge und die betriebliche Altersvorsorge.	
Die Berufsunfähigkeitsversicherung ist ein weiterer Zweig der gesetzlichen Sozialversicherung.	
Das sogenannte Altersvorsorgedepot ist eine Möglichkeit der privaten Altersvorsorge.	
Pflegebedürftig sind z. B. Personen, die aufgrund einer Sportverletzung für mehrere Wochen bettlägerig sind und in erheblichem Maße Hilfe bedüfen.	
Die Beiträge zur Unfallversicherung werden nur vom Arbeitgeber getragen.	

Aufgabe B: Berechnung des Krankenkassenbeitrags (4 Punkte)

Thomas Berthold, 41 Jahre, Abteilungsleiter Einkauf in einem größeren Unternehmen der Fahrradbranche in NRW verdient monatlich 6 800,00 EUR brutto.

Freddy Wächter, 25 Jahre, Einkaufssachbearbeiter im gleichen Unternehmen erhält ein monatliches Bruttogehalt von 2 800,00 EUR.

Berechnen Sie den monatlichen Krankenkassenbeitrag der beiden Mitarbeiter. Gehen Sie von einem durchschnittlichen Beitrag von 14,6 % (zuzüglich Krankenversicherungs-Zusatzbeitrag in Höhe von 2,9 %) und einer Beitragsbemessungsgrenze von 5 812,50 EUR aus.

Mitarbeiter	Betrag	Mitarbeiter	Betrag
Thomas Berthold		Freddy Wächter	

Aufgabe C: Zuordnung von Leistungen (9 Punkte)

① = Gesetzliche Krankenversicherung
② = Gesetzliche Rentenversicherung
③ = Gesetzliche Pflegeversicherung
④ = Gesetzliche Arbeitslossenversicherung
⑤ = Gesetzliche Unfallversicherung
⑥ = keine Zuordnung möglich

Leistungen	Nr.	Leistungen	Nr.
Vorsorgeuntersuchungen		Insolvenzgeld	
Mutterschaftsgeld		Verschreibungspflichtige Medikamente	
Pflegegeld		Grundsicherungsgeld	
Heilbehandlung nach Arbeitsunfall		Krankengeld	
Regelaltersrente		BAföG	
Arbeitslosengeld		Erwerbsminderungsrente (Beinamputation nach Arbeitsunfall)	
Kurzarbeitergeld		Berufsberatung	
Hinterbliebenenrente		Vollstationäre Pflege	
Erwerbsminderungsrente (privater Skiunfall)		Umschulung nach Arbeitsunfall	

Aufgabe D: Träger der Sozialversicherung (5 Punkte)

Gesetzliche Sozialversicherungen	Träger
Rentenversicherung	
Arbeitslosenversicherung	
Krankenversicherung	
Pflegeversicherung	
Unfallversicherung	

Aufgabe E: Richtig oder falsch? (6 Punkte)

Aussagen	① = Richtig ⑨ = Falsch
Die heutige beitragszahlende Generation verpflichtet sich, die Renten der vorausgehenden Generation zu sichern.	
Wenn sich die Nettoarbeitsverdienste der Arbeitnehmer erhöhen, steigen auch die Renten. Dies bezeichnet man als Dynamisierung der Renten.	
Die Rentenbeiträge der heutigen Generation werden angespart und bei Eintritt in das Rentenalter ausgezahlt.	
Jede sozialversicherungspflichtige Person erhält einen Versicherungsnummernachweis, der bei Arbeitsantritt dem Arbeitgeber vorgelegt werden muss.	
Die erste Aussage bezeichnet man als Generationenvertrag.	
Jeder Bürger ist verpflichtet, eine private Lebensversicherung abzuschließen.	

Schulbuch S. 189–198

Anforderungssituation 5.3

1 Einen Berufsausbildungsvertrag abschließen

Situation:

Am Montag, den 15. Februar 20.. bittet Herr Sörensen, Vorstandsmitglied der Soester Büromöbel AG, seine beiden Vorstandskollegen, Frau Sims und Herrn Werner, zu sich.

Herr Sörensen: Guten Morgen, meine Damen und Herren. Wie Sie wissen, habe ich letzte Woche an einer Tagung des Verbandes der holzverarbeitenden Industrie zum Thema „Qualitätsmanagement" teilgenommen. Anwesend war auch der Bundeswirtschaftsminister, der die Gelegenheit nutzte, für seine Aktion „Ausbildungsplatzoffensive 20.." zu werben.

Herr Werner: Ausbildungsplatzoffensive?

Herr Sörensen: Ja, wie mir berichtet wurde, stehen auch dieses Jahr nicht genügend Ausbildungsplätze zur Verfügung.

Frau Sims: Kein Wunder, vor kurzem habe ich gelesen, dass sich 70 % der deutschen Unternehmen überhaupt nicht an der Berufsausbildung beteiligen. Wir gehören schließlich auch dazu.

Herr Sörensen: Sehr richtig, Frau Sims. Und genau darüber wollte ich mit Ihnen und Herrn Werner sprechen. Ich meine, auch wir sollten Ausbildungsplätze zur Verfügung stellen.

Frau Sims: Nun ja, billig ist das Ganze aber nicht.

Herr Werner: Das ist sicherlich richtig. Auf der anderen Seite dürfen wir nicht vergessen, dass uns die Ausbildung junger Menschen auch Vorteile bringt.

Frau Sims: Na, die müssen Sie uns aber mal nennen!

Arbeitsaufträge:

1. Die Mehrzahl der Unternehmen bildet nicht aus. Nennen Sie Gründe, die aus Sicht der Unternehmen für und gegen die Berufsausbildung im eigenen Haus sprechen.

Berufsausbildung im eigenen Haus	
Pro-Argumente	**Contra-Argumente**

2. Nennen Sie Kosten, die den Unternehmen durch die betriebliche Berufsausbildung entstehen.

Kosten der betrieblichen Berufsausbildung

1	
2	
3	
4	
5	

3. Geben Sie an, welche Informationen sich der Ausbildungsordnung entnehmen lassen.

Inhalte der Ausbildungsordnung

1	
2	
3	
4	
5	

Fortsetzung der Situation:

Die Soester Büromöbel AG hat sich dazu entschieden, auszubilden. Am 1. Oktober 20.. soll die 17-jährige Paula Mertens ihre Ausbildung zur Kauffrau für Büromanagement beginnen. Anja Stark, die Leiterin der Personalabteilung, beauftragt ihre Mitarbeiterin Angelika Wessa damit, Paula Mertens auszubilden. In diesem Zusammenhang soll sie auch den Berufsausbildungvertrag aufsetzen. Nach getaner Arbeit lässt Frau Wessa den Vertrag von Paula Mertens und Frau Sims, Vorstandsmitglied der Soester Büromöbel AG, unterschreiben. Anschließend schickt sie ihn zur Genehmigung zur Industrie- und Handelskammer (IHK). Einige Tage später klingelt bei Frau Stark das Telefon.

Frau Stark: Soester Büromöbel AG, Stark am Apparat.

Herr Bergmann: IHK Duisburg. Guten Morgen, Frau Stark. Bergmann ist mein Name.

Frau Stark: Guten Morgen, Herr Bergmann. Was kann ich für Sie tun?

Herr Bergmann: Es geht um den Berufsausbildungsvertrag, den Ihr Unternehmen mit Paula Mertens abgeschlossen hat. Der Vertrag enthält leider einige Fehler. So können wir ihn nicht genehmigen.

Frau Stark: Nun, ich habe eine meiner Mitarbeiterinnen mit der Angelegenheit beauftragt. Möglicherweise ist da etwas schief gegangen. Sie wissen ja, wir haben bislang nicht ausgebildet.

Herr Bergmann: Machen Sie sich keine Sorgen, Frau Stark. Ich schlage vor, ich schicke Ihnen den Vertrag zurück und Sie korrigieren ganz einfach die entsprechenden Passagen.

Frau Stark: Gut, Herr Bergmann, ich werde mich persönlich der Sache annehmen. Sie hören dann von mir.

4. Überprüfen Sie, wer ist in diesem Fall Ausbildender, Ausbilder und Auszubildende ist.

Ausbildender	
Ausbilder	
Auszubildende	

5. Finden Sie heraus, warum der Berufsausbildungsvertrag (Material 1) von der IHK nicht genehmigt wurde. Nutzen Sie hierzu die Notizen von Frau Stark (Material 2)

6. Setzen Sie einen neuen, genehmigungsfähigen Berufsausbildungsvertrag (Material 3) auf.

7. **Weitere Fälle**:

Analysieren Sie die weiteren Fälle anhand nachfolgender Leitfragen.

7.1 Benjamin Dressler, 20-jähriger Auszubildender der Soester Büromöbel AG im 2. Ausbildungsjahr, hat sich nach reiflicher Überlegung dazu entschieden, seine Ausbildung zu beenden, um in Aachen Maschinenbau studieren zu können. Aus diesem Grund möchte er die Soester Büromöbel AG Ende Mai verlassen.

7.1.1 Wie lange ist seine Kündigungsfrist?

7.1.2 Was muss Herr Dressler bei seiner Kündigung beachten?

7.1.3 Wann muss Herr Dressler das Kündigungsschreiben spätestens vorlegen?

April

	Mo	Di	Mi	Do	Fr	Sa	So
14		1	2	3	4	5	6
15	7	8	9	10	11	12	13
16	14	15	16	17	18	19	20
17	21	22	23	24	25	26	27
18	28	29	30				

Mai

	Mo	Di	Mi	Do	Fr	Sa	So
18				1	2	3	4
19	5	6	7	8	9	10	11
20	12	13	14	15	16	17	18
21	19	20	21	22	23	24	25
22	26	27	28	29	30	31	

Juni

	Mo	Di	Mi	Do	Fr	Sa	So
22							1
23	2	3	4	5	6	7	8
24	9	10	11	12	13	14	15
25	16	17	18	19	20	21	22
26	23	24	25	26	27	28	29
27	30						

7.2 Bei einer Betriebsfeier kommt es aufgrund des übermäßigen Alkoholkonsums des Auszubildenden Maik Schinder zu einer Rangelei mit dem Buchhaltungsmitarbeiter Herrn Tender. Herr Tender erleidet Verletzungen, die im Krankenhaus behandelt werden müssen. Die Soester Büromöbel AG beschließt, Maik Schinder fristlos zu kündigen. Ist die Kündigung rechtens?

7.3 Niels Baumann, Auszubildender der Medizintechnik GmbH, erzählt bei einem Treffen mit einer Auszubildenden eines Konkurrenzunternehmens in aller Ausführlichkeit von einer bahnbrechenden Erfindung, die sein Unternehmen in den kommenden Wochen zum Patent anmelden möchte. Die Ausbildungsleiterin Frau Schmidt beschließt, Niels Baumann fristlos zu kündigen.

7.3.1 Ist die Kündigung zulässig?

7.3.2 Gegen welche Pflicht hat Niels Baumann verstoßen?

7.4 Anna Brücker, 19-jährige Auszubildende der Bergmann OHG im 2. Ausbildungsjahr, hat, obwohl sie sich sehr bemüht, große Schwierigkeiten in der Berufsschule mitzukommen. Die Ausbilderin Frau Kleine hat sich das ganz anders vorgestellt und überlegt, das Berufsausbildungsverhältnis mit Anna Brücker zu beenden. Ist dies zulässig?

7.5 Aufgrund der guten Auftragslage und dem damit verbundenen hohen Arbeitsaufkommen bittet Alfons Herrmann, Abteilungsleiter der Westfälischen Wurstking AG, die 19-jährige Auszubildende Kathrin Wiese darum, in den nächsten 3 Monaten auf den Besuch der Berufsschule zu verzichten. Ist die Bitte zulässig?

7.6 Jessica Lange, 20 Jahre alt, absolviert bei der Pro Cycle GmbH eine Ausbildung zur Industriekauffrau. Da im Lager eine Fachkraft aufgrund eines komplizierten Beinbruchs 4 Monate ausfällt, soll Jessica Lange während dieser Zeit im Lager eingesetzt werden und dort z. T. körperlich sehr anstrengende Arbeiten verrichten. Jessica Lange weigert sich. Zu recht?

7.7 Bei der Soester Büromöbel AG ist es üblich, dass die Auszubildenden der Personalleiterin Anja Stark ihre ausgefüllten Berichtshefte vorlegen. Maike Schäfer, 18-jährige Auszubildende zur Kauffrau für Büromanagement, vertritt die Auffassung, das Führen eines Berichtsheftes sei eine rein freiwillige Angelegenheit. Hat sie recht?

Material 1: Berufsausbildungsvertrag, ausgestellt von Frau Wessa

Berufsausbildungsvertrag

(§§ 10, 11 Berufsbildungsgesetz – BBiG)

IHK Industrie- und Handelskammer

Zwischen dem/der Ausbildenden (Ausbildungsbetrieb)

Öffentlicher Dienst ☐

KNR	IHK-Firmenident-Nr.	Tel.-Nr.
	159827	02921 387995

Anschrift des/der Ausbildenden (Ausbildungsbetrieb): Soester Büromöbel AG

Straße, Haus-Nr.: Industriepark 5

PLZ	Ort
59494	Soest

E-Mail-Adresse des/der Ausbildenden (Angabe freiwillig): info@sbmag.de

Verantwortliche/r Ausbilder/in: Angelika Wessa

und dem/der Auszubildenden

männlich ☐ **weiblich** ☒ **unbestimmt** ☐

Berufsausbildung im Rahmen eines dualen Studiums ☐

Name	Vorname
Mertens	Paula

Straße, Haus-Nr.: Frankenstr. 10

PLZ	Ort
59494	Soest

Geburtsdatum	Staatsangehörigkeit
01.02.20..	deutsch

E-Mail-Adresse (Angabe freiwillig)	Mobil-/Tel.-Nr. (Angabe freiwillig)

Gesetzlicher Vertreter[1]: Eltern

Namen, Vornamen der gesetzlichen Vertreter: Mertens, Sonja und Niklas

Straße, Haus-Nr.: Frankenstr. 10

PLZ	Ort
59494	Soest

wird nachstehender Vertrag zur Ausbildung im Ausbildungsberuf Sachbearbeiterin Verkauf

mit der Fachrichtung / dem Schwerpunkt / der/den Wahlqualifikation/en / dem/den Wahlbaustein/en etc. nach **Maßgabe der Ausbildungsordnung[2] geschlossen.**

Änderungen des wesentlichen Vertragsinhaltes sind vom/von der Ausbildenden unverzüglich zur Eintragung in das Verzeichnis der Berufsausbildungsverhältnisse bei der Industrie- und Handelskammer anzuzeigen.

Die beigefügten Angaben zur sachlichen und zeitlichen Gliederung des Ausbildungsablaufs (Ausbildungsplan) sowie die umseitigen Regelungen sind Bestandteil dieses Vertrages.

A Die Ausbildungszeit beträgt nach der Ausbildungsordnung 38 Monate.

☐ Es wird eine Verkürzung der Ausbildungszeit um ____ Monate beantragt

Verkürzungsgrund:

Das Berufsausbildungsverhältnis beginnt am 01. 10. 20.. und endet am 31. 11. 20.. .

B Die Probezeit (Nr. 1.2) beträgt 4 Monate.[3])

C Die Ausbildung findet statt in [Name/Anschrift der Ausbildungsstätte(n)]

59494 Soest, Industriepark 5

und den mit dem Betriebssitz für die Ausbildung üblicherweise zusammenhängenden Bau-, Montage- und sonstigen Arbeitsstellen statt.

D Ausbildungsmaßnahmen außerhalb der Ausbildungsstätte(n) sind für den folgenden Zeitraum in der/den folgenden Ausbildungsstätte(n) vorgesehen (hierzu zählen auch Auslandsaufenthalte) (Nr. 3.12):

E Der/Die Ausbildende zahlt dem/der Auszubildenden eine angemessene Vergütung (Nr. 5); diese beträgt zurzeit monatlich brutto

€	930,00	930,00	930,00	
im	ersten	zweiten	dritten	vierten

Ausbildungsjahr.

F Die regelmäßige Ausbildungszeit in Stunden beträgt täglich[4]) 9 und wöchentlich 45 .

Teilzeitausbildung wird beantragt (Nr. 6.2): ja ☐ nein ☒

1) Vertretungsberechtigt sind beide Eltern gemeinsam, soweit nicht die Vertretungsberechtigung nur einem Elternteil zusteht. Ist ein Vormund bestellt, so bedarf dieser zum Abschluss des Ausbildungsvertrages der Genehmigung des Vormundschaftsgerichtes.
2) Solange die Ausbildungsordnung nicht erlassen ist, sind gem. § 104 Abs. 1 BBiG die bisherigen Ordnungsmittel anzuwenden.
3) Die Probezeit muss mindestens einen Monat und darf höchstens vier Monate betragen.
4) Das Jugendarbeitsschutzgesetz sowie für das Ausbildungsverhältnis geltende tarifvertragliche Regelungen und Betriebsvereinbarungen sind zu beachten.

G Es besteht ein Urlaubsanspruch

im Kalenderjahr					
Werktage					
Arbeitstage	8	24	24	24	

H Der Ausbildungsnachweis wird wie folgt geführt: schriftlich ☐ elektronisch ☒

I Hinweise auf anzuwendende Tarifverträge und Betriebsvereinbarungen; sonstige Vereinbarungen (Nr. 11):

Es gelten die Tarifverträge der holz- und kunststoffverarbeitenden Industrie vom 02. 05. 20..

J Die umseitigen Bestimmungen sind Gegenstand dieses Vertrages und werden anerkannt.

Ort, Datum: Soest, 15. 02. 20..

Der/Die Ausbildende: *Helene Sims*

Stempel und Unterschrift

Der/Die Auszubildende: *Paula Mertens*

Vor- und Familienname

Der/Die gesetzlichen Vertreter/in des/der Auszubildenden:

Vater und Mutter/Vormund

Material 2: Notizen von Frau Stark

Interne Mitteilung

Soester Büromöbel AG

Notiz

von: *Anja Stark*

Abteilung: *Personal*
Datum: *07.03.20..*
Zeichen: st

Betreff: *Informationen zur Einstellung von Paula Mertens*

- *Persönliche Daten:*
  Name: Mertens
  Vorname: Paula
  Geburtsdatum: 01.02.20..
  Staatsangehörigkeit: deutsch
  Adresse: Frankenstr. 10, 59494 Soest
  Gesetzlicher Vertreter: Sonja und Niklas Mertens (Adresse siehe oben)
- *Die Ausbildungszeit beträgt gemäß Ausbildungsvertrag 3 Jahre*
- *Einstellungsdatum: 01.10.20..*
- *Ausbildungsberuf: Kauffrau für Büromanagement*
- *Die Vergütung der Kaufleute für Büromanagement in unserer Branche ergibt sich aus dem Tarifvertrag und muss jährlich ansteigen.*
  1. Jahr: 930,00 EUR
  2. Jahr: 980,00 EUR
  3. Jahr: 1.060,00 EUR
- *Die wöchentliche Arbeitszeit beträgt 40 Stunden (täglich 8 Stunden).*
- *Die Ausbildung findet von einer Ausnahme abgesehen in unserem Firmensitz in Soest statt. Paula Mertens wird im Mai kommenden Jahres an einem zweiwöchigen Seminar zum Thema Ergonomie im Büromöbelbereich in München teilnehmen.*
- *Wir haben mit Paula Mertens eine Probezeit von 3 Monaten vereinbart.*
- *Der jährliche Urlaubsanspruch für alle Arbeitnehmer (einschließlich sämtlicher Auszubildenden) beträgt gemäß Tarifvertrag 30 Tage und weicht damit von den im Bundesurlaubsgesetz festgelegten 24 Tagen ab. Bei unterjähriger Einstellung ist der Urlaub anteilig zu gewähren. Hinweis: Bei ungeraden Zahlen, z.B. 7,5 Tage, wird grundsätzlich aufgerundet.*
- *Es gelten die Tarifverträge der holz- und kunststoffverarbeitenden Industrie vom 02.05.20..*

Material 3: Berufsausbildungsvertrag (Blankoformular)

Berufsausbildungsvertrag

(§§ 10, 11 Berufsbildungsgesetz – BBiG)

IHK Industrie- und Handelskammer

Zwischen dem/der Ausbildenden (Ausbildungsbetrieb)
Öffentlicher Dienst ☐

KNR	IHK-Firmenident-Nr.	Tel.-Nr.

Anschrift des/der Ausbildenden (Ausbildungsbetrieb)

Straße, Haus-Nr.

PLZ	Ort

E-Mail-Adresse des/der Ausbildenden (Angabe freiwillig)

Verantwortliche/r Ausbilder/in

und dem/der Auszubildenden
männlich ☐ **weiblich** ☐ **unbestimmt** ☐
Berufsausbildung im Rahmen eines dualen Studiums ☐

Name	Vorname

Straße, Haus-Nr.

PLZ	Ort

Geburtsdatum	Staatsangehörigkeit

E-Mail-Adresse (Angabe freiwillig)	Mobil-/Tel.-Nr. (Angabe freiwillig)

Gesetzlicher Vertreter[1]

Namen, Vornamen der gesetzlichen Vertreter

Straße, Haus-Nr.

PLZ	Ort

wird nachstehender Vertrag zur Ausbildung im Ausbildungsberuf

mit der Fachrichtung / dem Schwerpunkt / der/den Wahlqualifikation/en / dem/den Wahlbaustein/en etc. nach **Maßgabe der Ausbildungsordnung[2] geschlossen.**

Änderungen des wesentlichen Vertragsinhaltes sind vom/von der Ausbildenden unverzüglich zur Eintragung in das Verzeichnis der Berufsausbildungsverhältnisse bei der Industrie- und Handelskammer anzuzeigen.

Die beigefügten Angaben zur sachlichen und zeitlichen Gliederung des Ausbildungsablaufs (Ausbildungsplan) sowie die umseitigen Regelungen sind Bestandteil dieses Vertrages.

A Die Ausbildungszeit beträgt nach der Ausbildungsordnung

[ ] Monate.

☐ Es wird eine Verkürzung der Ausbildungszeit um [ ] Monate beantragt

Verkürzungsgrund:

Das Berufsausbildungsverhältnis beginnt am [ ] und endet am [ ].

B Die Probezeit (Nr. 1.2) beträgt [ ] Monate.[3])

C Die Ausbildung findet statt in [Name/Anschrift der Ausbildungsstätte(n)]

und den mit dem Betriebssitz für die Ausbildung üblicherweise zusammenhängenden Bau-, Montage- und sonstigen Arbeitsstellen statt.

D Ausbildungsmaßnahmen außerhalb der Ausbildungsstätte(n) sind für den folgenden Zeitraum in der/den folgenden Ausbildungsstätte(n) vorgesehen (hierzu zählen auch Auslandsaufenthalte) (Nr. 3.12):

E Der/Die Ausbildende zahlt dem/der Auszubildenden eine angemessene Vergütung (Nr. 5); diese beträgt zurzeit monatlich brutto

€				
im	ersten	zweiten	dritten	vierten

Ausbildungsjahr.

F Die regelmäßige Ausbildungszeit in Stunden beträgt

täglich[4]) [ ] und wöchentlich [ ].

Teilzeitausbildung wird beantragt (Nr. 6.2): ja ☐ nein ☐

1) Vertretungsberechtigt sind beide Eltern gemeinsam, soweit nicht die Vertretungsberechtigung nur einem Elternteil zusteht. Ist ein Vormund bestellt, so bedarf dieser zum Abschluss des Ausbildungsvertrages der Genehmigung des Vormundschaftsgerichtes.
2) Solange die Ausbildungsordnung nicht erlassen ist, sind gem. § 104 Abs. 1 BBiG die bisherigen Ordnungsmittel anzuwenden.
3) Die Probezeit muss mindestens einen Monat und darf höchstens vier Monate betragen.
4) Das Jugendarbeitsschutzgesetz sowie für das Ausbildungsverhältnis geltende tarifvertragliche Regelungen und Betriebsvereinbarungen sind zu beachten.

G Es besteht ein Urlaubsanspruch

im Kalenderjahr					
Werktage					
Arbeitstage					

H Der Ausbildungsnachweis wird wie folgt geführt:

schriftlich ☐ elektronisch ☐

I Hinweise auf anzuwendende Tarifverträge und Betriebsvereinbarungen; sonstige Vereinbarungen (Nr. 11):

J Die umseitigen Bestimmungen sind Gegenstand dieses Vertrages und werden anerkannt.

Ort, Datum:

Der/Die Ausbildende:

Stempel und Unterschrift

Der/Die Auszubildende:

Vor- und Familienname

Der/Die gesetzlichen Vertreter/in des/der Auszubildenden:

Vater und Mutter/Vormund

Anforderungssituation 5.4

Schulbuch S. 209–210

1 Die Arbeitszeit flexibilisieren

Situation:

Seit einiger Zeit sieht sich die Soester Büromöbel AG verstärkt mit unzufriedenen Kunden konfrontiert. Aus diesem Grund bittet Herr Sörensen, Vorstand der Soester Büromöbel AG, die beiden übrigen Vorstandsmitglieder sowie einige Abteilungsleiter zu einer „Krisensitzung".

Herr Sörensen: Meine Damen und Herren, wie mir Herr Richter letzte Woche mitteilte, sind wir nicht in der Lage, die in unseren Katalogen angegebene Lieferzeit einzuhalten. Herr Klein, was ist das Problem?

Herr Klein: Nun, Herr Sörensen, an unseren Mitarbeitern liegt es nicht. Die sind hochmotiviert. Das Problem ist der stark schwankende Auftragseingang. In manchen Wochen ist das Arbeitspensum kaum zu bewältigen. Zu anderen Zeiten wiederum ist recht wenig bis gar nichts zu tun.

Frau Sims: Ich kann Herrn Klein nur beipflichten. In der Büromöbelbranche haben wir traditionell mit einer stark schwankenden Auftragslage zu kämpfen. Mal sind die Auftragsbücher im Frühjahr voll, mal leer. Zeiten, in denen es generell gut bzw. weniger gut läuft, lassen sich da leider nicht ausmachen.

Herr Werner: Vielleicht sollten wir einfach die Lieferzeiten verlängern? Dann können sich unsere Kunden wenigstens darauf einstellen.

Herr Richter: Sicherlich eine Möglichkeit, Herr Werner. Aber keine gute. Der Wettbewerb ist hart. Wir würden unsere Marktposition damit eher verschlechtern.

Frau Sims: Was ist denn mit Überstunden?

Frau Stark: Nun, möglich ist es schon. Allerdings haben die zu zahlenden Überstundenzuschläge stark steigende Personalkosten zur Folge. Ganz zu schweigen von unserem Betriebsrat, der den Überstunden immer wieder zustimmen muss.

Herr Werner: In den Medien ist doch immer wieder von flexiblen Arbeitszeitmodellen die Rede. Wäre das nicht die Lösung unseres Problems?

Herr Sörensen: Eine gute Idee. Wissen Sie da Näheres?

Arbeitsaufträge:

1. In der betrieblichen Praxis finden sich verschiedene flexible Arbeitszeitmodelle. Beschreiben Sie mithilfe des Auszugs aus dem „1x1 des Personalmanagements" (Material 1) und der Arbeitsvorlage (Material 2) die beiden Arbeitszeitmodelle **Gleitzeit** und **Arbeitszeitkonto** und stellen Sie Vor- und Nachteile heraus.

2. Erläutern Sie, worin die Flexibilität bei den einzelnen Arbeitszeitmodellen besteht.

Flexibilität bei der Gleitzeit	
Flexibilität beim Arbeitszeitkonto	

3. Begründen Sie, welches bzw. welche Arbeitszeitmodelle Ihnen zur Lösung der in der Lernsituation beschriebenen Probleme am geeignetsten erscheinen.

4. Prüfen Sie, welches Recht der Betriebsrat bei der Einführung und Gestaltung flexibler Arbeitszeitmodelle hat.

Material 1: Auszug aus dem „1x1 des Personalmanagements"

1x1 des Personalmanagements

Mit **flexiblen Arbeitzeitmodellen** werden hohe Erwartungen und verschiedene Interessen verbunden. Die Unternehmen rechnen mit einer Steigerung ihrer Wettbewerbsfähigkeit, die Mitarbeiter erhoffen sich eine bessere Vereinbarkeit von Beruf und Privatleben und volkswirtschaftlich gesehen steht die Sicherung der Arbeitsplätze im Vordergrund.

Grundsätzlich stehen den Unternehmen unterschiedliche Modelle zur Gestaltung der betrieblichen Arbeitszeit zur Verfügung. Allerdings darf das Arbeitszeitgesetz (ArbZG) nicht unterlaufen werden. Es besagt insbesondere, dass die werktägliche Arbeitszeit 8 Stunden nicht überschreiten darf. Sie kann jedoch auf 10 Stunden erweitert werden, wenn innerhalb eines Zeitraums von 6 Monaten im Tagesdurchschnitt 8 Stunden und im Wochendurchschnitt 48 Stunden (man geht im ArbZG von einer 6-Tage-Woche aus) nicht überschritten werden. Es ist also eine Maximalarbeitszeit von 60 Stunden pro Woche erlaubt, wenn ein entsprechender Zeitausgleich erfolgt.

Gemäß § 87 BetrVerfG muss der Betriebsrat dem geplanten Arbeitszeitmodell zustimmen.

Im Folgenden sollen die beiden flexiblen Arbeitszeitmodelle Gleitzeit und Arbeitszeitkonto näher beschrieben werden:

Fortsetzung:

Bei der **Gleitzeit mit fester Kernarbeitszeit** kann der Arbeitnehmer über Beginn und Ende seiner täglichen Arbeitszeit im gewissem Rahmen selbst entscheiden. Innerhalb der Kernarbeitszeit muss er jedoch anwesend sein. Dieses Arbeitszeitmodell wird beispielsweise bei der Xenox GmbH praktiziert, einem großen Hersteller von Kopiergeräten. Die wöchentliche Arbeitszeit beträgt gemäß gültigem Tarifvertrag 40 Stunden. Die Bandbreite der täglichen Arbeitszeit reicht derzeit von 06:30 Uhr bis 18:00 Uhr, Kernzeit ist der Zeitraum zwischen 09:15 Uhr und 15:00 Uhr. Somit haben die Arbeitnehmer in der Zeitspanne von 06:30 Uhr bis 09:15 Uhr und von 15:00 Uhr bis 18:00 Uhr die Möglichkeit zu gleiten. Mithilfe entsprechender Zeiterfassungssysteme werden die geleisteten Arbeitsstunden auf einem Gleitzeitkonto festgehalten. Um zu vermeiden, dass zu viele Plus- bzw. Minusstunden angehäuft werden, arbeitet die Xenox GmbH nach dem sogenannten Ampelprinzip, das im Folgenden erläutert wird.

In Absprache mit dem Betriebsrat, der auch schon dem Gleitzeitmodell seine Zustimmung gegeben hatte, hat man sich entschieden, über einen Ausgleichszeitraum von 12 Monaten den Auf- und Abbau der Plus- bzw. Minusstunden auf dem Gleitzeitkonto über ein zweistufiges Ampelsystem (grün und rot) zu steuern. Die grüne Phase deckt bei der Xenox GmbH den Bereich von +/– 40 Stunden ab. Anschließend beginnt die rote Phase. Befindet sich der Arbeitnehmer im grünen Bereich, so hat er die Berechtigung, über seine tägliche Arbeitszeit weitgehend selbstständig zu entscheiden. Hat das Gleitzeitkonto die rote Phase erreicht, so kann der Arbeitnehmer nur noch in Abstimmung mit der Führungskraft über seine tägliche Arbeitszeit entscheiden. Bei Plusstunden kann beispielsweise Freizeit angeordnet werden. Auch die Anordnung von Überstundenbezahlung einerseits oder der Verfall der Plusstunden andererseits ist möglich. Bei Minusstunden kommen demgegenüber eine Abmahnung oder eine dauerhafte Verringerung der regelmäßigen vertraglichen Arbeitszeit in Betracht. Das Gleitzeitkonto wird dabei durch den Vorgesetzten und/oder den Betriebsrat überwacht.

Auf wirtschaftliche Schwankungen kann ein Unternehmen schneller reagieren, wenn die Arbeitszeit der Mitarbeiter auf die Bedürfnisse des Unternehmens abgestimmt ist. Während in Zeiten geringer Nachfrage auch wenig Arbeit anfällt, besteht in auftragsreichen Zeiten oftmals erhöhter Personalbedarf. Dies zu ermöglichen, ist Sinn und Zweck des **Arbeitszeitkontos.**

Dies soll am Beispiel der BTG OHG erläutert werden. Die BTG OHG liefert Tiefkühlgerichte an Supermärkte in ganz Deutschland. De Tiefkühlgerichte werden von einem Zentrallager in der Nähe von Frankfurt beliefert. Die BTG OHG hat sich zum Ziel gesetzt, jeden Artikel innerhalb von drei Tagen liefern zu können. Hierbei stellte der täglich und auch saisonal stark schwankende Arbeitsanfall ein großes Problem dar.

Die Lösung des Problems sah man zunächst in der Einstellung von zusätzlichen festen Mitarbeitern als Personalreserve. Da die Mitarbeiter jedoch auch bezahlt werden mussten, wenn gar keine Kundenaufträge vorlagen, stellte sich dieser Lösungsansatz als sehr kostenintensiv heraus. Auch die zweite Überlegung, dem Problem dadurch gerecht zu werden, indem die Mitarbeiter bei Bedarf Überstunden einlegen, wurde wegen der hohen Überstundenzuschläge aus Kostengründen verworfen.

Aus oben genannten Gründen hat sich die Geschäftsführung der BTG OHG zusammen mit dem Betriebsrat dazu entschieden, zur Bewältigung der Probleme das Arbeitszeitkonto einzuführen.

Die tägliche Arbeitszeit beginnt nun jeden Morgen um 06:00 Uhr. Das Arbeitsende schwankt täglich zwischen 13:00 und 17:00 Uhr, sodass die Arbeitszeit je nach Arbeitsanfall 6 bis 10 Stunden betragen kann. Die Arbeitszeiten werden mithilfe eines Zeiterfassungssystems erfasst und kontinuierlich über ein Halbjahr hinweg aufaddiert. Die Sollarbeitszeit in einem Halbjahr ergibt sich aus der Zahl der Arbeitstage multipliziert mit 8 Arbeitsstunden täglich. Pro Halbjahr wird die Istarbeitszeit mit der Sollarbeitszeit verglichen. Ist die Istarbeitszeit größer als die Sollarbeitszeit, erhält der Arbeitnehmer in Absprache mit den anderen Mitarbeitern einen Freizeitausgleich. Ist die Istarbeitszeit geringer als die Sollarbeitszeit, entstehen den Mitarbeitern keine Nachteile. Die Minusstunden verfallen als Gegenleistung für die Bereitschaft der Mitarbeiter, das flexible Arbeitszeitmodell mitzutragen.

Voraussetzung für ein solches Arbeitszeitmodell ist ein gleichbleibendes Einkommen, das durch die Einführung eines Monatslohns sichergestellt wurde, sodass die Mitarbeiter unabhängig von der tatsächlich erbrachten Leistung ein gleichbleibendes Arbeitsentgelt erhalten.

Das Ergebnis ist mehr als zufriedenstellend: Die Auslieferung der Kundenaufträge erfolgt innerhalb der vorgegebenen drei Tage und die Arbeitsplätze konnten auch auf Dauer gesichert werden.

Material 2: Auswertungsformular

	Kurzbeschreibung	Vor- und Nachteile aus Sicht der Arbeitgeber (+/–)	Vor- und Nachteile aus Sicht der Arbeitnehmer (+/–)
Gleitzeit (mit fester Kernarbeitszeit)			
Arbeitszeitkonto			

Schulbuch S. 211–212

2 Mitarbeiter beurteilen

Situation:

Fabian Weber, lange Jahre Abteilungsleiter im Einkauf, wird aus Altersgründen zum Jahresende aus dem Unternehmen ausscheiden. Entsprechend der Tradition der Soester Büromöbel AG sollen Führungspositionen mit eigenen Mitarbeitern besetzt werden. Anja Stark und Herr Weber haben sich eigens dafür zusammengesetzt und besprechen gemeinsam die Neubesetzung seiner Position.

Soester Büromöbel AG

Frau Stark: Herr Weber, haben Sie denn bereits einen würdigen Nachfolger im Auge?

Herr Weber: Ich dachte an Herrn Funk oder Frau Metz aus meiner Abteilung. Beide habe ich bereits angesprochen. Sie zeigten sich sehr interessiert an der Abteilungsleiterposition.

Frau Stark: Damit habe ich auch gerechnet. Und, wen halten Sie für geeigneter?

Herr Weber: Das kann ich so spontan nicht sagen, aber ich habe die beiden ja über einige Zeit hinweg beobachtet und mir dazu Notizen gemacht.

Frau Stark: Ich gebe Ihnen schon mal zwei Personalbeurteilungsbogen mit. Wenn Sie die bitte mithilfe Ihrer Beobachtungen ausfüllen würden. Unsere Geschäftsführung möchte so schnell wie möglich wissen, welchen Mitarbeiter Sie sich als Ihren Nachfolger vorstellen können.

Arbeitsaufträge:

1. Beschreiben Sie, welche Vor- und Nachteile damit verbunden sind, den neuen Einkaufsabteilungsleiter aus den eigenen Reihen zu besetzen.

Interne Stellenbesetzung	
Vorteile	**Nachteile**

2. Nennen Sie geeignete Beurteilungskriterien für die Besetzung der Stelle des Einkaufsabteilungsleiters.

Beurteilungskriterien	

3. In der heutigen Zeit spielen Kriterien wie Teamfähigkeit und Einsatzbereitschaft eine große Rolle. Erläutern Sie, was konkret in beiden Fällen gemeint ist.

Teamfähigkeit	Einsatzbereitschaft

4. Gehen Sie anstelle von Herrn Weber die Beobachtungsnotizen (Material 1 und Material 2) durch und füllen Sie auf dieser Grundlage die beigefügten Personalbeurteilungsbogen aus (Material 3). Fällen Sie anschließend eine begründete Entscheidung, welcher Mitarbeiter zum Abteilungsleiter befördert werden soll. Beachten Sie dabei bitte folgende Vorgehensweise: Wenn ein Vorgesetzter zwei oder mehrere Mitarbeiter zugleich beurteilen muss, ist es ratsam, zunächst alle Mitarbeiter zu einem Kriterium zu beurteilen und dann erst mit dem nächsten Kriterium zu beginnen.

Vera Metz
- 29 Jahre
- ledig
- keine Kinder

Sascha Funk
- 31 Jahre
- verheiratet
- keine Kinder

5. Nicht wenige Fachleute sind der Meinung, dass eine objektive Beurteilung von Mitarbeitern so gut wie nicht möglich ist. Nehmen Sie begründet Stellung.

6. Nennen Sie neben den Beförderungen weitere Gründe für Beurteilungen.

Gründe für Beurteilungen

Material 1: Beobachtungsnotizen betreffend Herrn Funk

Soester Büromöbel AG

Beobachtungen

von: Fabian Weber (Abteilungsleiter im Einkauf)

bezüglich: Sascha Funk (Einkaufssachbearbeiter – Bereich Holz)

Zeitraum: 05.09.2025 bis 02.09.2026

Notizen:

05.09.25: Auf den Abteilungskonferenzen kann Herr Funk zu allen Fragen, seinen Bereich betreffend, ausführlich Stellung nehmen. Seine Kenntnisse im Holzbereich sind als überaus detailliert zu bezeichnen.

17.11.25: Bei seiner täglichen Aufgabenbewältigung zeigt Herr Funk, dass er in der Lage ist, die Standardsoftware (Word, Excel und PowerPoint) sinnvoll einzusetzen. Darüber hinaus nutzt Herr Funk bereits erfolgreich die Möglichkeiten des Internets zur Bezugsquellenermittlung.

03.01.26: Aufgrund der verstärkten Ökologieorientierung in unserem Unternehmen erhielt Herr Funk den Auftrag, die Entsorgung der Altmöbel zu organisieren. Er überzeugt dabei durch klare Zielformulierungen und planvolles Vorgehen.

10.03.26: Herr Funk erhielt den Auftrag, die Eignung der Just-in-time-Beschaffung für unser Unternehmen zu prüfen. Hierbei benötigt er kaum Hilfestellungen.

20.04.26: Die von Herrn Funk durchgeführten Lieferantenbewertungen sind aufgrund seiner sorgfältigen Recherche stets einwandfrei.

10.06.26: Herr Funk nimmt freiwillig an mehreren Weiterbildungsmaßnahmen zum Thema „Ökologische Beschaffung“ teil, die in den Abendstunden oder an den Wochenenden stattfinden.

14.07.26: Herr Funk soll zusammen mit zwei weiteren Mitarbeitern der Einkaufsabteilung untersuchen, ob in Zukunft verstärkt Materialien aus Osteuropa beschafft werden sollen. Im Rahmen dieser Zusammenarbeit kommt es zu großen Schwierigkeiten, da Herr Funk nur seine eigene Meinung gelten lässt und die Kompetenz der anderen infrage stellt. Er fällt seinen Kollegen ins Wort und geht auf deren Kritik oder Anregungen nicht ein.

02.09.26: Bei einer Preisverhandlung mit einem langjährigen Lieferanten zeigt sich Herr Funk so ungeduldig, dass der Lieferant uns mit seinen Preisen weniger als erhofft entgegengekommen ist.

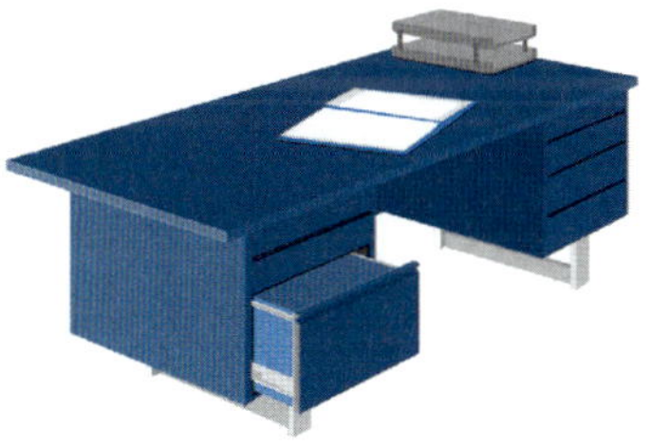

Material 2: Beobachtungsnotizen betreffend Frau Metz

SB Soester Büromöbel AG

Beobachtungen

von: Fabian Weber (Abteilungsleiter im Einkauf)

bezüglich: Vera Metz (Einkäuferin – Bereich Kunststoff)

Zeitraum: 05. 09. 2025 bis 02. 09. 2026

Notizen:

05. 09. 25: In Gesprächen zeigt sich, dass Frau Metz über ein solides Grundlagenwissen verfügt. Ihre Kenntnisse im Bereich Kunststoffe sind gut.

02. 12. 25: Wie ihre tägliche Arbeit zeigt, ist Frau Metz in der Anwendung der Standardsoftware (Word, Excel und PowerPoint) sicher.

03. 01. 26: Frau Metz wird beauftragt, eine Qualitätsprüfung bei einem unserer Kunststofflieferanten vorzubereiten. Sie geht hierbei planvoll vor, zeigt jedoch geringfügige Schwächen hinsichtlich der Zeiteinteilung.

13. 03. 26: Frau Metz soll einen Vortrag über Kostensenkungsmaßnahmen im Beschaffungsbereich erarbeiten und versichert sich dabei häufig durch Rückfragen bei mir.

08. 04. 26: Die von Frau Metz durchgeführten Lieferantenbewertungen sind in der Regel einwandfrei. Vor einigen Wochen beurteilte sie jedoch einen Lieferanten aufgrund einer oberflächlichen Recherche zu positiv, woraufhin bestimmte Kunststoffteile zu spät geliefert wurden.

13. 06. 26: Frau Metz nimmt mit regem Interesse an einer Weiterbildungsveranstaltung zum Thema „Neue Märkte in Südostasien“ teil.

23. 07. 26: Frau Metz soll mit zwei weiteren Kollegen aus der Beschaffungsabteilung, einen Beitrag zum Thema „Qualitätssicherung im Beschaffungsbereich“ erstellen. Frau Metz zeigt sich dabei den Kollegen gegenüber als sehr hilfsbereit und macht die von ihr beschafften Informationen allen zugänglich.

08. 08. 26: Frau Metz zeigt sich in Lieferantenverhandlungen sehr geschickt. Ihre freundliche Art und ihre überzeugende Argumentation tragen entschieden dazu bei, dass sich einer unserer wichtigsten Lieferanten auf eine zähe Preisverhandlung einlässt und schließlich die Preise um 10% senkt.

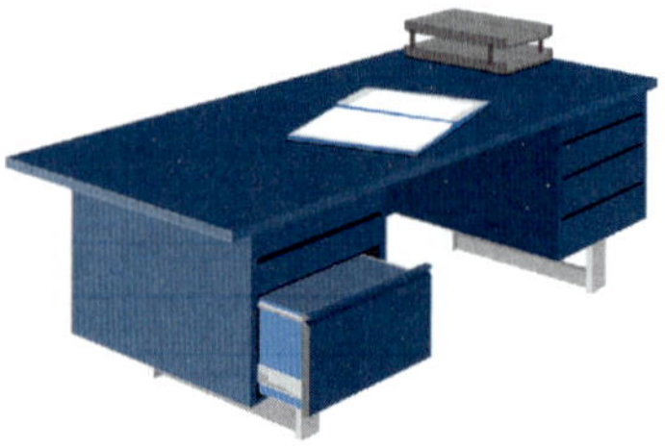

Material 3: Bewertungsformular

Arbeitshinweise:

1. Gewichtung: sehr wichtig = 3 Punkte; wichtig = 2 Punkte; weniger wichtig = 1 Punkt; nicht wichtig = 0 Punkte
2. Beurteilung: sehr gut = 3 Punkte; gut = 2 Punkte; weniger gut = 1 Punkt; schlecht = 0 Punkte
3. Gewichten Sie Ihre Beurteilung, indem Sie die Beurteilung mit der Gewichtung multiplizieren.

Leistungsbeurteilung
– streng vertraulich –

Soester Büromöbel AG

Name	*Funk*	Personalnr.	*2531*
Vorname	*Sascha*	Tätigkeit	*Einkaufssachbearbeiter/-in (Holz)*
Geburtsdatum	*3. Juni 1995*	Grund:	*Beförderung zum/zur Abteilungsleiter/-in*
Familienstand	*verheiratet, keine Kinder*	Beurteilungs-zeitraum	*05.09.2025 bis 02.09.2026*

Beurteilungskriterien	Gewich-tung	Beurtei-lung	Gewichtete Beurteilung
		Punktzahl	

Datum ____________ Beurteilender Vorgesetzter ____________

Leistungsbeurteilung
– streng vertraulich –

Soester Büromöbel AG

Name	*Metz*	Personalnr.	*2532*
Vorname	*Vera*	Tätigkeit	*Einkaufssachbearbeiter/-in (Kunststoff)*
Geburtsdatum	*8. Okt. 1997*	Grund:	*Beförderung zum/zur Abteilungsleiter/-in*
Familienstand	*ledig, keine Kinder*	Beurteilungs-zeitraum	*05.09.2025 bis 02.09.2026*

Beurteilungskriterien	Gewich-tung	Beurtei-lung	Gewichtete Beurteilung
		Punktzahl	

Datum ____________ Beurteilender Vorgesetzter ____________

Welcher Mitarbeiter bzw. welche Mitarbeiterin soll zum Abteilungsleiter befördert werden?	

Schulbuch S. 216–219

3 Arbeitsschutzbestimmungen erkunden

Test „Arbeitsschutzbestimmungen“

Name	
Punkte	________ von 42 Punkten
%-Satz	

Aufgabe A: Richtig oder falsch? (15 Punkte)

Aussagen	① = Richtig ⑨ = Falsch
Eine schwangere Frau muss ihrem Arbeitgeber die Schwangerschaft spätestens 6 Wochen vor der Entbindung mitteilen.	
Jugendliche dürfen in der Woche nicht mehr als 40 Stunden arbeiten.	
Schwangere Frauen dürfen nicht mit Arbeiten betraut werden, die regelmäßiges Heben von Lasten über 2 kg erfordern.	
Die werktägliche Arbeitszeit für Arbeitnehmer darf 7 Stunden nicht überschreiten.	
Die Beschäftigung von schwangeren Frauen am Montageband in der Automobilindustrie ist zulässig, wenn die schwangere Frau damit einverstanden ist.	
Nach der Entbindung darf eine Mutter mindestens 8 Wochen nicht arbeiten.	
Während der Schwangerschaft und bis zum Ablauf von vier Monaten nach der Entbindung besteht Kündigungsschutz.	
Nach Beendigung der Arbeitszeit müssen dem Arbeitnehmer mindestens 10 Stunden Freizeit verbleiben.	
Nach 4 Stunden Arbeitszeit ist eine Pause von mindestens 30 Minuten zu gewähren.	
Die Vorgaben des Jugendarbeitsschutzgesetzes haben alle Arbeitnehmer, die Jugendliche (bis zum vollendeten 18. Lebensjahr) beschäftigen, zu berücksichtigen.	
Schwangere Frauen sind 6 Wochen vor der Entbindung von der Arbeit freizustellen.	
Der soziale Arbeitsschutz schützt insbesondere schutzbedürftige Personen wie schwangere Frauen, stillende Mütter, Kinder und Jugendliche sowie Behinderte.	
Während der Elternzeit besteht Kündigungsschutz.	
Jugendliche, die in das Berufsleben eintreten, müssen innerhalb der letzten 14 Monate von einem Arzt untersucht worden sein.	
Die Anzahl an Werktagen, an denen Jugendlichen bezahlter Erholungsurlaub zusteht, ist vom Alter der Jugendlichen abhängig.	

Aufgabe B: Mutterschutz (2 Punkte)

Aufgrund der schlechten Auftragslage wird der 25-jährigen Versandmitarbeiterin Lisa Steinkühler bei der Gerber KG fristgerecht gekündigt. Lisa weiß seit einem Monat, dass sie schwanger ist, hat dies ihrem Arbeitgeber aber noch nicht mitgeteilt. Auf Nachfrage teilt die Personalabteilung der Gerber KG Lisa Steinkühler mit, dass die Kündigung trotzdem nicht zurückgenommen wird.

Klären Sie die Rechtslage.

____

____

____

Aufgabe C: Sicherheitszeichen (6 Punkte)

Welche Bedeutung haben folgende Sicherheitszeichen?

Aufgabe D: Zuständigkeiten (2 Punkte)

Welche der folgenden Institutionen ist keine Einrichtung zur Überwachung der Arbeitssicherheit und des Gesundheits- und Unfallschutzes in Betrieben?

Gewerbeaufsichtsamt	
Berufsgenossenschaft	
Industrie- und Handelskammer	

Aufgabe E: Gesundheits- und Unfallschutz (2 Punkte)

In welchem der folgenden Gesetze finden sich Vorschriften über den Gesundheits- und Unfallschutz?

Bürgerliches Gesetzbuch	
Arbeitsstättenverordnung	
Handelsgesetzbuch	
Berufsbildungsgesetz	

Aufgabe F: Arbeitschutz (6 Punkte)

① = Sozialer Arbeitsschutz ② = Technischer Arbeitsschutz

Gesetz/Verordnung	Nr.	Gesetz/Verordnung	Nr.
Mutterschutzgesetz		Arbeitsschutzgesetz	
Arbeitsstättenverordnung		Bundeselterngeld- und Elternzeitgesetz	
Jugendarbeitsschutzgesetz		Arbeitszeitgesetz	

Aufgabe G: Jugendarbeitsschutz (2 Punkte)

Marcel (15), Vanessa (16) und Julia (17) diskutieren am Tag nach der Neujahrsparty über ihren Urlaub im neuen Jahr. Marcel meint: *„Na klar haben wir alle gleich viele Urlaubstage. Wir sind doch alle Azubis."* Hat Marcel recht?

ja		nein	

Aufgabe H: Richtig oder falsch? (5 Punkte)

Aussagen	① = Richtig ⑨ = Falsch
Der technische Arbeitsschutz (z. B. das Arbeitsschutzgesetz und das Produktsicherheitsgesetz) umfasst alle Bereiche, die die Sicherheit der Beschäftigten bei der Arbeit berühren.	
Sicherheitszeichen lassen sich in Warnzeichen, Verbotszeichen, Rettungszeichen und Gebotszeichen unterscheiden. Sie weisen die Mitarbeiter auf mögliche Gefahren und Risiken hin.	
Der Arbeitsschutz setzt Rahmenbedingungen für alle Fragen, die mit der Arbeitszeit im Betrieb zusammenhängen. Die gesetzten Grenzen stellen eine Empfehlung für Arbeitgeber und Arbeitnehmer dar.	
Unfallverhütungsvorschriften, die von den Berufsgenossenschaften erlassen werden, müssen an jeden Arbeitnehmer ausgehändigt werden. Der Arbeitnehmer hat durch seine Unterschrift den Empfang zu bestätigen.	
Der Arbeitgeber hat die Betriebsräume, Vorrichtungen, Maschinen und Gerätschaften so einzurichten und zu unterhalten, dass eine Gefährdung für Leben und Gesundheit möglichst vermieden und die verbleibende Gefährdung möglichst gering gehalten wird.	

Aufgabe I: Zuständigkeiten (2 Punkte)

Welche der folgenden Bestimmungen ist falsch?

Die tägliche Ruhezeit nach Beendigung der Arbeit beträgt mindestens 11 Stunden.	
Die tägliche Arbeitszeit eines Jugendlichen beträgt maximal 8 Stunden.	
Wenn schwangere Frauen es sich zutrauen, dürfen sie auch im Akkord arbeiten.	
Die wöchentliche Arbeitszeit von Jugendlichen beträgt maximal 5 Tage.	
Jugendliche müssen vor dem Eintritt ins Berufsleben eine ärztliche Untersuchung absolviert haben. Sie darf nicht länger als 16 Monate zurückliegen.	

Schulbuch S. 221–223

4 Arbeitszeugnisse auswerten

Situation:

Um den ostdeutschen Markt besser bearbeiten zu können, hat sich die Soester Büromöbel AG entschieden, ein Verkaufsbüro in Dresden einzurichten. Hierfür werden zwei Verkaufssachbearbeiter mit Außendiensttätigkeit gesucht. Die Personalleiterin Anja Stark möchte die benötigten Mitarbeiter vorwiegend über Stellenanzeigen in diversen regionalen und überregionalen Tageszeitungen beschaffen. Eine Woche nach Schaltung der Anzeigen liegen Dutzende von Bewerbungen auf ihrem Schreibtisch. Es gilt, die „Spreu vom Weizen zu trennen". Ist dies geschehen, möchte man im Rahmen von Vorstellungsgesprächen herausfinden, welche Mitarbeiter eingestellt werden sollen.

SB Soester Büromöbel AG

Arbeitsaufträge:

1. Für die beiden Stellen „Verkaufssachbearbeiter mit Außendiensttätigkeit" in Dresden liegen Dutzende Bewerbungen vor. Herr Nieber, Sachbearbeiter der Personalabteilung hat anhand der Anschreiben und der Lebensläufe vier Bewerber ausgewählt, die ihm geeignet erscheinen. Frau Stark überträgt Ihnen die Aufgabe, sich mit den Arbeitszeugnissen (Material 1 bis Material 4) der einzelnen Bewerber auseinanderzusetzen.

   Unterbreiten Sie Frau Stark einen begründeten Vorschlag, welchen bzw. welche Bewerber Sie zu einem Vorstellungsgespräch einladen würden.

   Auswertungsformular:

Bewerber 1: Peter Franke	Bewerber 2: Jan Dörner
Bewerber 3: Petra Geyer	**Bewerber 4: Bernd Witt**

Ergebnis:

Meiner Meinung nach sollten folgende Bewerber zum Vorstellungsgespräch eingeladen werden:

______________ und ______________

Material 1: Arbeitszeugnis Peter Franke

Tewes Büroartikel KG
Chemnitz

Zeugnis

Herr Peter Franke, geb. am 08. 02. 1982 in Chemnitz, trat am 01. 08. 2010 als Verkaufssachbearbeiter in unser Unternehmen ein.

Aufgrund seiner guten Auffassungsgabe konnte die Einarbeitung in seinen Aufgabenbereich als Verkaufssachbearbeiter schnell und problemlos erfolgen. Schon sehr bald arbeitete er vollkommen selbstständig.

Zu den wesentlichen Tätigkeiten in seinem Arbeitsbereich gehörten der telefonische Verkauf und die Kontaktpflege zu unserer Kundschaft, die selbstständige Bearbeitung der eingehenden Interessentenanfragen, das Erstellen von Angeboten, die Auftragsannahme und -bearbeitung.

Herr Franke verfügt über gute Fachkenntnisse, die er in seiner täglich anfallenden Arbeit sicher und effizient einsetzt. Stets erledigte er alle ihm übertragenen Aufgaben zu unserer vollsten Zufriedenheit.

Besonders zu betonen ist seine hohe Einsatzbereitschaft sowie seine Loyalität gegenüber unserem Unternehmen. Durch seine freundliche, kooperative Wesensart war er bei seinen Vorgesetzten und Kollegen stets gleichermaßen beliebt wie auch geschätzt. Auch gegenüber unseren Kunden war sein Verhalten jederzeit vorbildlich.

Herr Franke ist zum 31. 10. 2026 auf eigenen Wunsch aus unserem Unternehmen ausgeschieden, um sich einer neuen Herausforderung zu stellen. Wir respektieren seine Entscheidung, danken für die geleistete Arbeit und wünschen ihm für seine berufliche wie auch private Zukunft alles Gute und viel Erfolg.

Chemnitz, 31. 10. 2026

Tewes Büroartikel KG

P. Meier　　K. Müller

Paul Meier　　Kai Müller
Personalleiter　　Abteilungsleiter

Material 2: Arbeitszeugnis Jan Dörner

Velbinger Mineralstoffe GmbH
Berlin

Zeugnis

Herr Jan Dörner, geb. am 10. 03. 1980 in Berlin, war vom 01. 08. 2011 bis zum 30. 09. 2026 in unserer Abteilung Verkauf als Verkaufssachbearbeiter tätig. Zu seinen Aufgaben gehörte sowohl die Auftragsanbahnung als auch die Auftragsbearbeitung.

Herr Dörner war ein motivierter Mitarbeiter, der die ihm gesetzten Ziele verfolgte. Er besitzt ein solides Grundwissen in den von ihm bearbeiteten Aufgabengebieten. Herr Dörner erledigte seine Aufgaben ordnungsgemäß und zu unsererer Zufriedenheit. Die Arbeitsqualität entsprach meist den Anforderungen/Erwartungen, wobei er sich stets bemühte, die vorgegebenen Ziele zu erreichen.

Herr Dörner war lernmotiviert und hat sich neben seinem Beruf weitergebildet.

Die Leistungen von Herrn Dörner entsprachen unseren Erwartungen.

Sein Verhalten gegenüber Kollegen, Vorgesetzten und Kunden war gut. Wir lernten Herrn Dörner als einen meinungs- und diskussionsfreudigen Mitarbeiter kennen, der Kritik üben und meist auch akzeptieren konnte.

Berlin, 30. 09. 2026

Velbinger Mineralstoffe GmbH

K. Gerber　　O. Manfeld

K. Gerber　　O. Manfeld
Personalleiter　　Abteilungsleiter

Material 3: Arbeitszeugnis Petra Geyer

Heineman Büroartikel KG
Dresden

Zeugnis

Frau Petra Geyer, geb. am 08. 02. 1984 in Berlin, war vom 01. 08. 2010 bis zum 31. 10. 2026 als Verkäuferin in unser Unternehmen tätig.

Frau Geyer war für unser Verkaufsgebiet Süd-Ost eigenverantwortlich zuständig. Dabei hat sie mit hohem Einsatz die Betreuung unserer Stammkunden gepflegt und sich besonders bei der Akquisition von Neukunden profiliert. Es ist ihr mehrfach gelungen uns bei Großunternehmen als Hauptlieferant zu etablieren.

Wegen Ihrer fachlich ausgezeichneten Kenntnisse, verbunden mit einer positiven Einstellung zu unserem Unternehmen schätzen wir Frau Geyer als wertvolle Mitarbeiterin. Sie war stets engagiert und aufgeschlossen und führte ihre Tätigkeiten immer mit vollem Einsatz erfolgreich aus. Ihre Arbeitsqualität war jederzeit weit überdurchschnittlich. Durch mehrere Weiterbildungen hat sie die Zahl unserer Kunden beträchtlich erhöhen können.

Frau Geyer erfüllte ihre Aufgaben stets zu unserer vollsten Zufriedenheit.

Aufgrund ihrer kooperativen Haltung war Frau Geyer immer bei Vorgesetzten und Kollegen anerkannt und beliebt. Ihr Auftreten gegenüber Kunden war stets einwandfrei. Sie war als kompetente und freundliche Gesprächspartnerin anerkannt.

Frau Geyer verlässt unser Unternehmen auf eigenen Wunsch. Wir bedauern dies sehr und wünschen ihr beruflich und persönlich alles Gute und weiterhin viel Erfolg.

Dresden, 31. 10. 2026

Heineman Büroartikel KG

R. Schmidt *A. Bauer*

R. Schmidt, Personalleiter
A. Bauer, Abteilungsleiter

Material 4: Arbeitszeugnis Bernd Witt

Frohwein Bürosysteme KG
Berlin

Zeugnis

Herr Bernd Witt, geboren am 08. 02. 1978 in Berlin, wurde am 01. 08. 2012 als Verkäufer im Außendienst in unserem Unternehmen eingestellt.

Nach Einarbeitung übernahm Herr Witt das Verkaufsgebiet Dresden/Leipzig zur umsatzverantwortlichen Bearbeitung.

Sein Aufgabengebiet umfasste sowohl die Akquisition von Neukunden als auch die Betreuung des bestehenden Kundenstamms. Hierbei war er auch mit der Abwicklung von Reklamationen betraut. Herr Witt erfüllte seine Aufgaben erwartungsentsprechend. Hierbei wurde er den fachlichen Anforderungen meist gerecht. Er zeigte keinerlei Unsicherheiten bei der Ausführung seiner Arbeitsaufgaben. Seine Arbeitsqualität war im großen und ganzen zufriedenstellend. Er war stets daran interessiert, seine ausbaufähigen Fachkenntnisse in den Dienst des Unternehmens zu stellen. Er hat die ihm übertragenen Arbeiten zu unserer Zufriedenheit erledigt.

Seine Zusammenarbeit mit Vorgesetzten und Kollegen war gut. Auch seine Zusammenarbeit mit Kunden war jederzeit ohne Beanstandung.

Herr Witt verlässt unser Unternehmen am heutigen Tag, um sich beruflich zu verändern. Für die von ihm erbrachten Leistungen bedanken wir uns. Wir wünschen Herrn Witt viel Glück.

Berlin, 30. 09. 2026

Frohwein Bürosysteme KG

G. Ziegler *S. Opalla*

G. Ziegler, Personalleiter
S. Opalla, Abteilungsleiter

Anforderungssituation 6.1

Schulbuch S. 228–231

1 Finanzierungsformen unterscheiden

Situation:

Die MicroTex Technologies GmbH hat für den Bau einer neuen Lagerhalle einen voraussichtlichen Finanzierungsbedarf von 950 000,00 EUR. Die vorhandenen finanziellen Mittel reichen zur Finanzierung bei Weitem nicht aus. Die Sparkasse Soest, Hausbank der MicroTex Technologies GmbH, ist nur bereit einen Kredit in Höhe von 500 000,00 EUR zu gewähren. Frau Wagner, Leiterin der Finanzabteilung, hat deshalb bereits Kontakte zu befreundeten Geschäftsleuten aufgenommen, um nach Geldgebern für die fehlenden 450 000,00 EUR zu suchen.

Arbeitsaufträge:

1. Erläutern Sie die Begriffe Innen- und Außenfinanzierung und nennen Sie jeweils ein Beispiel.

Begriff	Erläuterung	Beispiel
Innenfinanzierung		
Außenfinanzierung		

2. Nennen Sie mindestens fünf Faktoren, die für die Möglichkeit, Eigen- bzw. Fremdkapital zu beschaffen, maßgeblich sind.

➤ ______________________________

➤ ______________________________

➤ ______________________________

➤ ______________________________

➤ ______________________________

➤ ______________________________

➤ ______________________________

3. Wägen Sie ab, ob die potenziellen Kapitalgeber der MicroTex Technologies GmbH als Miteigentümer oder als Gläubiger gewonnen werden sollen. Vergleichen Sie dazu die beiden Finanzierungsformen anhand der Merkmale in nachfolgender Tabelle. Nutzen Sie hierzu auch die Informationen zur Fremdfinanzierung im Schulbuch auf den S. 262f. und S. 293.

	Eigenfinanzierung	Fremdfinanzierung
Überlassung des Kapitals		
Unternehmensführung		
Kreditwürdigkeit		
Finanz- und Liquiditätsprobleme		
Insolvenz		

4. Möglichkeiten zur Erhöhung des Eigenkapitals für die MicroTex Technologies GmbH bestehen durch die Erhöhung des gezeichneten Kapitals und durch die Aufnahme neuer Gesellschafter. Wägen Sie die jeweiligen Vor- und Nachteile gegeneinander ab.

	Vorteile	Nachteile
Erhöhung des gezeichneten Kapitals durch die bisherigen Gesellschafter		
Aufnahme neuer Gesellschafter		

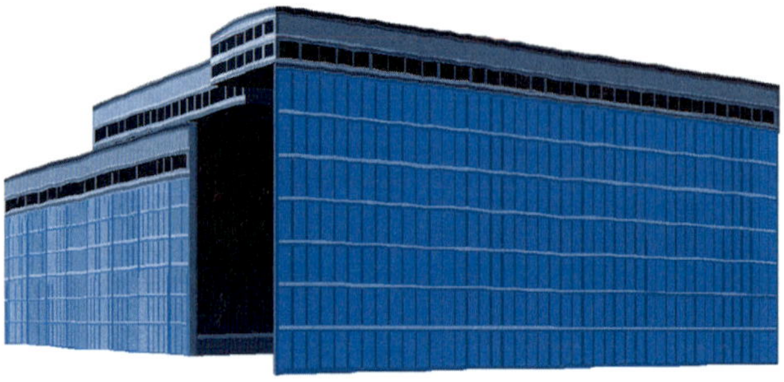

5. Prüfen Sie, inwiefern die unten genannten Geldgeber als Gläubiger infrage kommen könnten und klären Sie, ob die von ihnen gewährten Kredite für die Zwecke der MicroTex Technologies GmbH geeignet sind.

Mögliche Geldgeber	Eignung?		Begründung
	ja	nein	
Kreditinstitute			
Privatpersonen			
Kunden (über Anzahlungen)			
Lieferanten (Einkauf auf Ziel)			
öffentliche Hand (z. B. KfW-Kredit)			

Schulbuch S. 233–235

2 Selbstfinanzierung berechnen

Situation:

An der Sport-Burr KG aus Soest sind die Gesellschafter Thomas Burr als Komplementär mit 1 000 000,00 EUR, sein Bruder Ralf Burr ebenfalls als Komplementär mit 600 000,00 EUR und Alexander Rothacher als Kommanditist mit 400 000,00 EUR beteiligt.

Im abgelaufenen Geschäftsjahr wurde ein Gewinn von 300 000,00 EUR erwirtschaftet. Der Komplementär Thomas Burr entnahm für private Zwecke 48 000,00 EUR und der Komplementär Ralf Burr 40 000,00 EUR.

Vom erzielten Jahresgewinn erhält laut Gesellschaftsvertrag jeder Gesellschafter 4 % auf das eingezahlte Kapital. Die Verteilungsquote für den Restgewinn beträgt 4 : 3 : 1.

Folgende weitere Angaben liegen vor: Das Anlagevermögen beträgt 1 700 000,00 EUR, das Umlaufvermögen beträgt 1 050 000,00 EUR.

Arbeitsaufträge:

1. Berechnen Sie die Verbindlichkeiten der Sport-Burr KG und stellen Sie anschließend die vereinfachte Bilanz **vor** der Gewinnverteilung auf.

Berechnung der Verbindlichkeiten:

Vereinfachte Bilanz vor der Gewinnverteilung:

Aktiva	**Bilanz der Sport-Burr KG vor der Gewinnverteilung**	Passiva

2. Berechnen Sie für jeden Gesellschafter die im Gesellschaftsvertrag festgelegte 4 % ige Verzinsung des Kapitalanteils.

	Verzinsung des Kapitalanteils
Komplementär Thomas Burr	
Komplementär Ralf Burr	
Kommanditist Alexander Rothacher	

3. Berechnen Sie für jeden Gesellschafter den Anteil am Restgewinn.

	Anteil am Restgewinn
Komplementär Thomas Burr	
Komplementär Ralf Burr	
Kommanditist Alexander Rothacher	

4. Stellen Sie anhand Ihrer Berechnungen eine Gewinnverwendungstabelle auf. Nutzen Sie hierzu die vorgegebene Tabelle.

Gesellschafter	Anfangs-kapital	4 % Vor-dividende	Restgewinn 4 : 3 : 1	gesamter Gewinn-anteil	Privat-entnahmen	Endkapital	auszuzahl. Gewinn
Komplementär Thomas Burr							
Komplementär Ralf Burr							
Kommanditist Alexander Rothacher							
KG insgesamt							

5. Ermitteln Sie die Höhe der Selbstfinanzierung.

   Eigenkapital **am Ende** des Geschäftsjahres

   Eigenkapital **zu Beginn** des Geschäftsjahres

   = **Höhe der Selbstfinanzierung**

6. Stellen Sie die Bilanz der Sport-Burr KG **nach** der Gewinnverwendung auf.

Aktiva	**Bilanz der Sport-Burr KG nach der Gewinnverteilung**	Passiva

3 Statische Investitionsrechnung durchführen

Schulbuch
S. 253–259

Situation:

Die Kramer GmbH aus Soest hat für ihre Transport- und Logistiktätigkeiten einen eigenen Lkw-Fuhrpark. Da die Kramer GmbH in der letzten Zeit zusätzlich mehrmals fremde Lkw anmieten musste, schlägt der Geschäftsführer Gregor Köbach die Neuanschaffung eines weiteren Lkw vor. Die Gesellschafter Heinrich Kramer und sein Sohn Hendrik wollen bei einer Investitionsentscheidung eine Amortisation innerhalb von vier Jahren. Das wichtigste Investitionsziel sehen sie allerdings in einer maximalen Verzinsung. Die beiden Gesellschafter – die jeweils eine technische Ausbildung abgeschlossen haben – sind noch unentschlossen und beauftragen daher ihren Geschäftsführer mit der ausführlichen Erläuterung seiner Neuanschaffungsüberlegungen.

Herr Köbach holt insgesamt sechs Angebote ein und legt davon zwei Angebote ausführlich vor. Die Nutzungsdauer des neuen Lkw beträgt 5 Jahre. Er soll linear abgeschrieben werden. Der betriebsinterne Kalkulationszinssatz beträgt 10 %. Der Lkw kann an 300 Tagen (Einsatztagen) pro Jahr ausgelastet werden.

Angebot 1:

Anschaffungskosten eines neuen modernen Lkw 400 000,00 EUR; sonstige Fixkosten/Jahr 9 000,00 EUR; Mitarbeiterkosten pro Einsatztag 140,00 EUR. Kraftstoffverbrauch 40 Liter/100 km; Kraftstoffkosten 1,50 EUR/Liter. Es wird mit einer Fahrleistung von 50 000 km/Jahr gerechnet.

Die Kramer GmbH kalkuliert mit einem Tageserlös von 650,00 EUR.

Angebot 2:

Anschaffungskosten eines neuen High-Tech Lkw 440 000,00 EUR; sonstige Fixkosten/Jahr 10 000,00 EUR; Mitarbeiterkosten pro Einsatztag 160,00 EUR. Kraftstoffverbrauch 50 Liter/100 km; Kraftstoffkosten 1,50 EUR/Liter. Es wird mit einer Fahrleistung von 50 000 km/Jahr gerechnet.

Die Kramer GmbH kalkuliert mit einem Tageserlös von 700,00 EUR.

Arbeitsaufträge:

1. Erläutern Sie drei mögliche Motive, warum die anderen vier Angebote nicht in die engere Wahl kommen.

➤ ______________________________

____

➤ ______________________________

____

➤ ______________________________

____

2. Führen Sie für Gregor Köbach die statischen Investitionsrechenverfahren der verschiedenen Alternativen durch und begründen Sie, für welches Angebot sich die Kramer GmbH entscheiden sollte.

2.1 **Kostenvergleichsrechnung**

Kosten	Angebot 1	Angebot 2
Anschaffungskosten	**400 000,00 EUR**	**440 000,00 EUR**
fixe Kosten		
variable Kosten		
Gesamtkosten		

2.2 **Gewinnvergleichsrechnung**

Formel	Angebot 1	Angebot 2

2.3 Rentabilitätsvergleichsrechnung

Formel	
Angebot 1	**Angebot 2**

2.4 Amortisationsrechnung

Formel	
Angebot 1	**Angebot 2**

2.5

Entscheidung (mit Begründung):

3. Setzen Sie sich kritisch mit den unter Aufgabe 2 berechneten Verfahren der statischen Investitionsrechnung auseinander.

Kostenvergleichsrechnung	
Gewinnvergleichsrechnung	
Rentabilitätsvergleichsrechnung	
Amortisationsrechnung	

4 Darlehensformen vergleichen

Schulbuch S. 262–267

Situation:

Die Weber Metallbau GmbH möchte in eine innovative Produktionsmaschine investieren. Die Controlling-Abteilung der Weber Metallbau GmbH hat verschiedene Finanzierungsmöglichkeiten durchgerechnet und sich schließlich für die Aufnahme eines langfristigen Darlehens entschieden. Die Commerzbank Soest bietet alternative Rückzahlungsbedingungen für ein Darlehen von 175 000,00 EUR, Nominalzinssatz 4,75 %, Auszahlung 100 %, jährliche Leistungen des Kreditnehmers, Laufzeit 10 Jahre.

Weber Metallbau GmbH

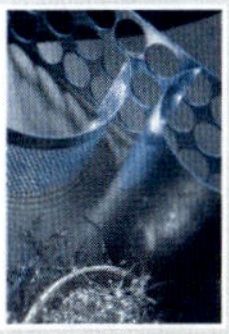

Folgende Darlehensformen sind möglich: Abzahlungsdarlehen, Fälligkeitsdarlehen oder Annuitätendarlehen.

Arbeitsaufträge:

1. Beschreiben Sie die Darlehensformen Abzahlungs-, Fälligkeits- und Annuitätendarlehen. Gehen Sie hierbei auch auf die jeweiligen Vor- und Nachteile sowie die Praxistauglichkeit der Darlehensform ein.

Abzahlungsdarlehen

Fälligkeitsdarlehen

Annuitätendarlehen

2. Ergänzen Sie nachfolgende Tabellen und begründen Sie, für welches Darlehen sich die Weber Metallbau GmbH entscheiden sollte.

Abzahlungsdarlehen: (Die Tilgung beträgt jährlich 10 % der Darlehenssumme zum Jahresende!)

Jahr	Darlehen Jahresanfang	Zinsen	Tilgung	Mittelabfluss	Darlehen Jahresende
1	175 000,00				
2					
3					
4					
5					
6					
7					
8					
9					
10					
Summe					

Fälligkeitsdarlehen:

Jahr	Darlehen Jahresanfang	Zinsen	Tilgung	Mittelabfluss	Darlehen Jahresende
1	175 000,00				
2					
3					
4					
5					
6					
7					
8					
9					
10					
Summe					

Annuitätendarlehen:

Jahr	Darlehen Jahresanfang	Zinsen	Tilgung	Mittelabfluss (Annuität)	Darlehen Jahresende
1	175 000,00				
2					
3					
4					
5					
6					
7					
8					
9					
10					
Summe					

Formel zur Berechnung des Annuitätenfaktors: $ANF_{n,p} = \frac{(1 + p)^n \cdot p}{(1 + p)^n - 1}$

Berechnung des Annuitätenfaktors:

Entscheidung (mit Begründung):

3. Unterscheiden Sie zwischen Nominal- und Effektivzinssatz und erläutern Sie, weshalb der Effektivzinssatz höher als der Nominalzinssatz ist.

Nominalzinssatz	
Effektivzinssatz	

5 Kreditsicherheiten I – Bürgschaft und Sicherungsübereignung

Schulbuch S. 270–272

Situation:

Zur Finanzierung zweier Kleintransporter bittet Daniel Sutter, Geschäftsführer der CLEAN-TEC OHG, die Sparkasse Soest um ein Darlehensangebot. Für die Kreditwürdigkeitsprüfung zieht die Sparkasse Soest die Bilanz der CLEAN-TEC OHG des letzten Jahres heran:

CLEAN-TEC OHG
Alfred-Nobel-Str. 17
59494 Soest

Bilanz der CLEAN-TEC OHG zum 31.12.20..

Aktiva		Passiva	
I. Anlagevermögen		**I. Eigenkapital**	425 000,00
1. Grundstücke und Bauten	750 000,00	**II. Fremdkapital**	
2. Maschinen	250 000,00	1. Verbindlichkeiten gegenüber Sparkasse Soest	480 000,00
3. Fuhrpark	175 000,00	2. Verbindlichkeiten gegenüber Commerzbank Soest	350 000,00
II. Umlaufvermögen		3. Verbindlichkeiten a. L. u. L.	59 500,00
1. Forderungen a. L. u. L.	95 000,00		
2. Kasse	7 500,00		
3. Guthaben bei Kreditinstituten	17 000,00		
4. Wertpapiere	20 000,00		
	1 314 500,00		1 314 500,00

Jakob Rößler, Leiter der Kreditabteilung der Sparkasse Soest, weist Daniel Sutter im Beratungsgespräch auf mögliche Risiken für die Bank bei der Kreditvergabe hin: *„Da es sich bei dem Kredit um insgesamt 115 000,00 EUR handelt und die Bilanz entsprechende Verbindlichkeiten aufweist, legen wir Wert auf eine Sicherung des Kredits."*

Arbeitsaufträge:

1. Begründen Sie, welche Kreditsicherheit für die zwei Kleintransporter infrage kommt.

Begründung:

2. Daniel Sutter kann seinen Vater Josef Sutter, wohnhaft in der Parkstraße 15 in 59494 Soest, als Bürgen für die CLEAN-TEC OHG (Alfred-Nobel-Str. 17, 59494 Soest) gewinnen. Der Höchstbetrag der Bürgschaft, den Josef Sutter eingehen möchte, beträgt 125 000,00 EUR.

   Stellen Sie die Rechtsbeziehungen zwischen den an einer Ausfallbürgschaft Beteiligten grafisch dar.

   Hinweis: Verwenden Sie hierzu die vorliegende Strukturskizze und die nachfolgenden Begriffe: *Kreditvertrag, Bürge (Nebenschuldner), Vereinbarung, Hauptschuldner (Kreditnehmer), Hauptanspruch, Gläubiger (Bank), Bürgschaftsvertrag, Nebenanspruch.*

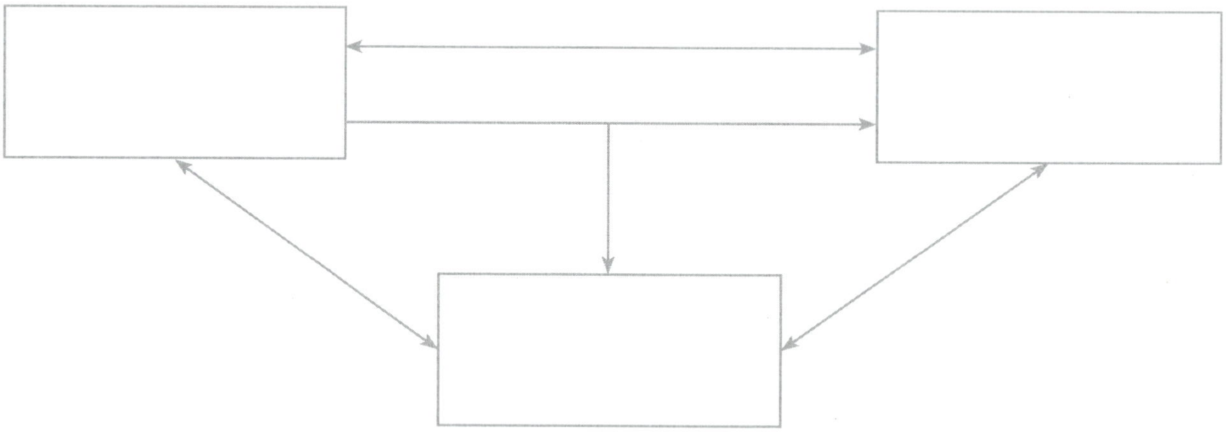

3. Unterscheiden Sie zwischen der Ausfallbürgschaft und der selbstschuldnerischen Bürgschaft.

Ausfallbürgschaft	Selbstschuldnerische Bürgschaft

4. Begründen Sie, welche Art von Bürgschaft – Ausfallbürgschaft oder selbstschuldnerische Bürgschaft – für die Sparkasse Soest und für Josef Sutter jeweils die bessere Alternative darstellt.

➤ Die bessere Alternative für die **Sparkasse Soest** ist die ____________________,
weil ____________________
____________________.

➤ Die bessere Alternative für **Josef Sutter** ist die ____________________, da ____________________
____
____________________.

5. Geben Sie eine begründete Einschätzung ab, welche Art von Bürgschaft in einem Bürgschaftsvertrag zwischen der Soester Sparkasse und Josef Sutter voraussichtlich verabredet würde.

6. Erläutern Sie, unter welchen Voraussetzungen eine Bürgschaft erlischt (5 Möglichkeiten).

Eine Bürgschaft erlischt wenn,

➤

➤

➤

➤

➤

7. Setzen Sie einen Bürgschaftsvertrag für eine selbstschuldnerische Bürgschaft zwischen Josef Sutter und der Sparkasse Soest auf.

   Hinweis: Nutzen Sie hierfür auch das Internet zur Recherche.

Sparkasse Soest

BÜRGSCHAFT

____

____

____

____

____

____

____

____

____

____

____

____

____

____

____

____

____

____

____

____

Ort, Datum	Unterschrift Auftraggeber	Unterschrift Sparkasse Soest

8. Prüfen Sie mithilfe des Bürgerlichen Gesetzbuches (BGB), welche Rechtsfolgen der Tod eines Bürgen hat.

   Hinweis: Nutzen Sie hierfür auch das Internet zur Recherche.

Der Tod eines Bürgen beendet die Bürgschaft. ☐

Der Tod eines Bürgen beendet die Bürgschaft **nicht**. ☐

Begründung (mit BGB-Paragrafen):

9. Josef Sutter ist das Risiko, gegebenenfalls als Bürge für den Kredit der CLEAN-TEC OHG herangezogen werden zu können, doch zu hoch. Aus diesem Grund weigert er sich, den Bürgschaftsvertrag zu unterschreiben. Daraufhin erkundigt sich der Geschäftsführer Daniel Sutter bei Jakob Rößler von der Sparkasse Soest nach anderen Kreditsicherheiten. Jakob Rößler bringt die Möglichkeit der Sicherungsübereignung als Alternative ins Spiel.

   9.1 Stellen Sie in der nachfolgenden Tabelle jeweils zwei Vorteile und zwei Risiken der Sicherungsübereignung sowohl für die Sparkasse Soest (Kreditgeber) als auch für die CLEAN-TEC OHG (Kreditnehmer) gegenüber.

	Vorteile	Nachteile
Sparkasse Soest		
CLEAN-TEC OHG		

9.2 Erläutern Sie die Besitz- und Eigentumsverhältnisse beim Sicherungsübereignungsvertrag laut BGB.

9.3 Geben Sie für die nachfolgenden Positionen auf der Aktivseite der Bilanz an, welche Richtwerte als Beleihungsgrenze in der Praxis herangezogen werden.

Hinweis: Nutzen Sie hierfür auch das Internet zur Recherche.

Aktivaposten	Beleihungsgrenze
Fuhrpark	
(handelsübliche) Maschinen	
Spezialmaschinen und Sondereinrichtungen	
Handelswaren	
Rohstoffe	
(verderbliche) Waren	

Schulbuch S. 275–276

6 Kreditsicherheiten II – Grundschuld

Situation:

Zur Finanzierung des Erwerbs ihrer Eigentumswohnung, Kaufpreis 235 000,00 EUR, benötigt die Mitarbeiterin der Stolz und Krug OHG, Frau Kathrin Sapel, ein langfristiges Darlehen in Höhe von 120 000,00 EUR.

Die Commerzbank Soest ist bereit, ihr ein grundschuldgesichertes Annuitätendarlehen in der gewünschten Höhe zu gewähren.

Der Kredit wurde vereinbarungsgemäß abgewickelt:

05.06.20.. Vereinbarung der Kreditmodalitäten und Abschluss des Kreditvertrags mit schuldrechtlicher Sicherungsvereinbarung bei der Commerzbank Soest.

12.06.20.. Auszahlung von 50 000,00 EUR zugunsten Notaranderkonto[1] zur Finanzierung der Anzahlung auf den Kaufpreis.

15.06.20.. Notarielle Einigung über die Grundbuchbestellung.

20.07.20.. Eintragung der Grundschuld im Grundbuch.

22.07.20.. Eintragungsbestätigung des Notars und Aushändigung des neuen Grundbuchauszugs und des Grundschuldbriefs an Kathrin Sapel.

24.07.20.. Übergabe des Grundschuldbriefs an die Commerzbank Soest.

26.07.20.. Auszahlung der restlichen 70 000,00 EUR.

Der notariellen Urkunde über die Grundschuldbestellung sind folgende Textpassagen entnommen:

1. Die Grundschuld ist von heute an mit 16 % jährlich zu verzinsen.
2. Ferner wird eine einmalige Nebenleistung von 4 % des Grundschuldbetrags geschuldet.
3. Die Grundschuld und die Nebenschuld sind fällig.
4. Wegen der Grundschuldbestellung, der Nebenleistung und der Zinsen unterwirft sich der Besteller der sofortigen Zwangsvollstreckung in den belasteten Grundbesitz. Der Besteller bewilligt und beantragt die Eintragung dieser Unterwerfungsklausel in das Grundbuch.
5. Zugleich übernimmt Kathrin Sapel für die Zahlung eines Geldbetrags in Höhe des Grundschuldbetrags, der einmaligen Nebenleistung von 4 % und der jährlichen Zinsen in Höhe von 16 % die persönliche Haftung. Sie unterwirft sich insoweit der sofortigen Zwangsvollstreckung aus dieser Urkunde in ihr gesamtes Vermögen.

Zusatzinformation:

Ein Grundbuch gliedert sich wie folgt:

Deckblatt	Bestandsverzeichnis	Abteilung I	Abteilung II	Abteilung III
enthält u. a.: 1. Amtsgericht 2. Grundbuchbezirk 3. Blatt-Nummer 4. evtl. Umschreibungs- bzw. Schließungsvermerk	enthält u. a.: 1. Grundstückskennzeichnung: Flur x, Flurstück xxx, ... 2. Mit dem Grundstück verbundene Rechte: Wegerecht, ...	enthält u. a.: 1. Eintragung des oder der Eigentümer 2. Eintragungsgrundlage (z. B. Auflassung, Erbfolge)	enthält u. a.: 1. Lasten und Beschränkungen (außer Grundpfandrechte) – Dauerwohnrechte – Vorkaufsrechte – Nießbrauch – Erbbaurechte – Reallasten	enthält u. a.: Grundpfandrechte, z. B.: – Grundschulden – Rentenschulden (Betrag, Zinssatz, Gläubiger, Bedingungen, etc.)

1 Ein Notaranderkonto ist ein vom Notar für Käufer und Verkäufer treuhänderisch geführtes Konto.

Arbeitsaufträge:

1. Prüfen Sie, an welchem Tag

   1.1 die Grundschuld entstanden ist.

   1.2 die Commerzbank Soest die Grundschuld erworben hat.

2. Erläutern Sie, wie Kathrin Sapel auch nach der Rückzahlung des Kredits die grundpfandrechtliche Sicherheit für künftige Kredite erhalten bleiben kann.

3. Beschreiben Sie, welche Möglichkeiten die Commerzbank Soest hat, falls Kathrin Sapel den Kredit nicht mehr bedienen kann.

4. Erläutern Sie **drei wesentliche Vorteile** der Kreditsicherheit Grundschuld für den Kreditgeber Commerzbank Soest.

➤ ______

➤ ______

➤ ______

5. Stellen Sie die Gemeinsamkeiten und Unterschiede von Grundschuld und Hypothek gegenüber. Achten Sie darauf, dass folgende Fachbegriffe bei Ihren Überlegungen vorkommen:

   Akzessorietät, Grundbuch – Abteilung III, Eigentümerhypothek, Eigentümergrundschuld

   Hinweis: Nutzen Sie hierfür das Internet zur Recherche.

Schulbuch S. 284–286

7 Lieferantenkredit (Warenkredit)

Situation:

Stefan Osann e. Kfm. überlegt, ob er eine bereits vorliegende Rechnung seines Lieferanten, der Scharpf GmbH (Großhändler für PC-Hardware), für 10 Multifunktionsdrucker unter Skontoabzug bezahlen oder das Zahlungsziel von 30 Tagen ausnutzen soll.

Wenn Stefan Osann e. Kfm. Skonto ausnutzen möchte, ist er allerdings gezwungen, den von der Commerzbank Soest eingeräumten Kontokorrentkredit von 12 % in Anspruch zu nehmen.

SCHARPF GMBH

Scharpf GmbH · Siemensstraße 1 · 59494 Soest
Stefan Osann e. Kfm.
Industriepark 25
59494 Soest

Kundennummer: 25-32854
Ihr Bestelldatum: 13.02.20..
Telefon: 02921 151617
Fax: 02921 5860
E-Mail: info@scharpf.de

Datum: 18.02.20..

Rechnung Nr. 2014–2548

Sehr geehrte Damen und Herren,

für unsere erbrachten Leistungen berechnen wir Ihnen wie folgt:

Menge	Artikel	Stückpreis	Gesamtpreis
10	Multifunktionsdrucker „Business Pro"	1 350,00 EUR	13 500,00 EUR
	Nettobetrag		13 500,00 EUR
	+ Umsatzsteuer 19 %		2 565,00 EUR
	Bruttobetrag		16 065,00 EUR

Zahlbar mit 2 % Skonto innerhalb von 8 Tagen oder 30 Tage Ziel.

i. A. *Manuel Bruder*

PC-HARDWARE

Handelsregister: Amtsgericht Soest – HRB 3523
Bankverbindungen: Commerzbank Soest – IBAN: DE40414400180002050475 – BIC: COBADEFF414

Arbeitsaufträge:

1. Berechnen Sie für Stefan Osann e. Kfm. die günstigere Alternative.

Ersparnis durch Skontoausnutzung	Sollzinsen Kontokorrentkredit
Ergebnis	

2. Berechnen Sie, welchem Jahreszinsfuß der Skontosatz entspricht.

3. Erläutern Sie jeweils drei Vor- und Nachteile des Kontokorrentkredits aus der Sicht von Stefan Osann e. Kfm.

Vorteile	Nachteile

Schulbuch S. 290–293

8 Darlehensfinanzierung mit Leasingfinanzierung vergleichen

Situation:

Die Motorenwerke Anton Thomalla GmbH haben einen neuen Hochleistungsmotor für den Betrieb von Blockheizkraftwerken entwickelt. Damit sie diesen Motor auch in einer größeren Serie produzieren können, benötigen sie eine neue Fertigungsmaschine. Die Anschaffungskosten betragen 90 000,00 EUR. Die Maschine hat eine betriebsgewöhnliche Nutzungsdauer von 6 Jahren und wird linear abgeschrieben.

Die Motorenwerke Anton Thomalla GmbH haben zwei Finanzierungsmöglichkeiten:

Alternative 1:

Kreditangebot der Commerzbank

- Darlehen in Höhe von 90 000,00 EUR
- Sollzinssatz 7 %
- Laufzeit 48 Monate
- Tilgung jeweils am Jahresende in gleichen Raten

Alternative 2:

Kreditangebot der Deutschen Leasing AG

- Grundmietzeit 48 Monate
- jährliche Leasingrate während der Grundmietzeit (zahlbar jeweils am Jahresende): 24 % der Anschaffungskosten
- jährliche Leasingrate nach Ablauf der Grundmietzeit (zahlbar jeweils am Jahresende): 17 % der Anschaffungskosten

Arbeitsaufträge:

1. Prüfen und begründen Sie, welche Art des Leasingvertrages hinsichtlich der Dauer der Leasingzeit vorliegt. Stellen Sie auch die entsprechenden Nachteile dar.

2. Ermitteln Sie den Mittelabfluss und den Gesamtaufwand für beide Finanzierungsalternativen während der gesamten Nutzungsdauer. Begründen Sie anschließend, für welche Alternative sich die Motorenwerke Anton Thomalla GmbH entscheiden sollte. Verwenden Sie für Ihre Lösung nachfolgende Tabellen.

Alternative 1: Kreditangebot der Commerzbank (Hausbank)

Jahr	Darlehen Jahres-anfang	Zinsen	Tilgung	Abschrei-bung	Mittelabfluss	Gesamt-aufwand
1	90 000,00					
2						
3						
4						
5						
6						
Summe						

Alternative 2: Leasingangebot der Deutschen Leasing AG

Jahr	Mittelabfluss	Aufwand
1		
2		
3		
4		
5		
6		
Summe		

Entscheidung (mit Begründung):

3. Das Kreditangebot der Commerzbank ist auch als Annuitätendarlehen mit einem Sollzinssatz von 7 % möglich.

   Berechnen Sie den Mittelabfluss während der gesamten Nutzungsdauer, wenn der Kredit als Annuitätendarlehen nach vier Jahren vollständig getilgt sein soll.

   Erläutern Sie, welche Entscheidung die Motorenwerke Anton Thomalla GmbH treffen sollte.

   Hinweis: Der Annuitätenfaktor beträgt 0,295228.

Entscheidung (mit Begründung):

9 Zusammenfassende Aufgabe: Investition, Darlehen, Grundschuld

Schulbuch S. 253–276

Situation:

Die MicroTex Technologies GmbH, Hersteller technischer Garne, möchte aufgrund steigender Nachfrage Erweiterungsinvestitionen tätigen. Neben der neuen Lagerhalle soll nun in eine vollautomatische Maschine zur Garnproduktion und in eine neue Produktionshalle investiert werden.

Die Anschaffung der Spezialmaschine kann kurzfristig aus eigenen Mitteln finanziert werden. Der Bau der neuen Produktionshalle soll dagegen fremdfinanziert werden.

Teil 1: Investitionsrechnung

Zur Herstellung der Garne stehen der MicroTex Technologies GmbH zwei Maschinen vom Typ „PowerGarn“ und „Garnmaster“ mit folgenden Informationen zur Auswahl:

Maschine	„PowerGarn“	„Garnmaster“
Anschaffungskosten	315 000,00 EUR	340 000,00 EUR
Gehälter pro Jahr	42 000,00 EUR	42 000,00 EUR
Sonstige fixe Betriebskosten pro Jahr	30 000,00 EUR	33 000,00 EUR
Variable Betriebskosten pro kg Garn	2,60 EUR	2,20 EUR
Geplante Nutzungsdauer	4 Jahre	4 Jahre
Restwert	15 000,00 EUR	35 000,00 EUR
Kapazität pro Jahr	40 000 kg Garn	45 000 kg Garn
Verkaufserlös pro kg Garn	8,05 EUR	8,05 EUR

Geplante Absatzmenge Jahr 1	30 000 kg
Geplante Absatzmenge Jahr 2	32 000 kg
Geplante Absatzmenge Jahr 3	35 000 kg
Geplante Absatzmenge Jahr 4	39 000 kg

Das Unternehmen kalkuliert mit einem Zinssatz von 8 %.

Arbeitsaufträge:

1. Führen Sie für das erste Nutzungsjahr eine Kostenvergleichsrechnung durch.

Kosten	„PowerGarn“	„Garnmaster“
Anschaffungskosten		
Fixe Kosten:		
Abschreibung		
Kalkulatorische Zinsen		
Gehälter		
Fixe Betriebskosten		
Variable Kosten:		
Variable Betriebskosten		
Gesamtkosten		

2. Beschreiben Sie zwei Kritikpunkte an der Kostenvergleichsrechnung als Verfahren der Investitionsrechnung.

1. Kritikpunkt:	
2. Kritikpunkt:	

3. Kritische Menge:

3.1 Berechnen Sie die kritische Produktionsmenge.

3.2 Erläutern Sie anhand Ihrer Rechnung, für welchen Maschinentyp sich das Unternehmen angesichts der voraussichtlichen Absatzmengen entscheiden sollte.

3.3 Stellen Sie den Sachverhalt grafisch dar.

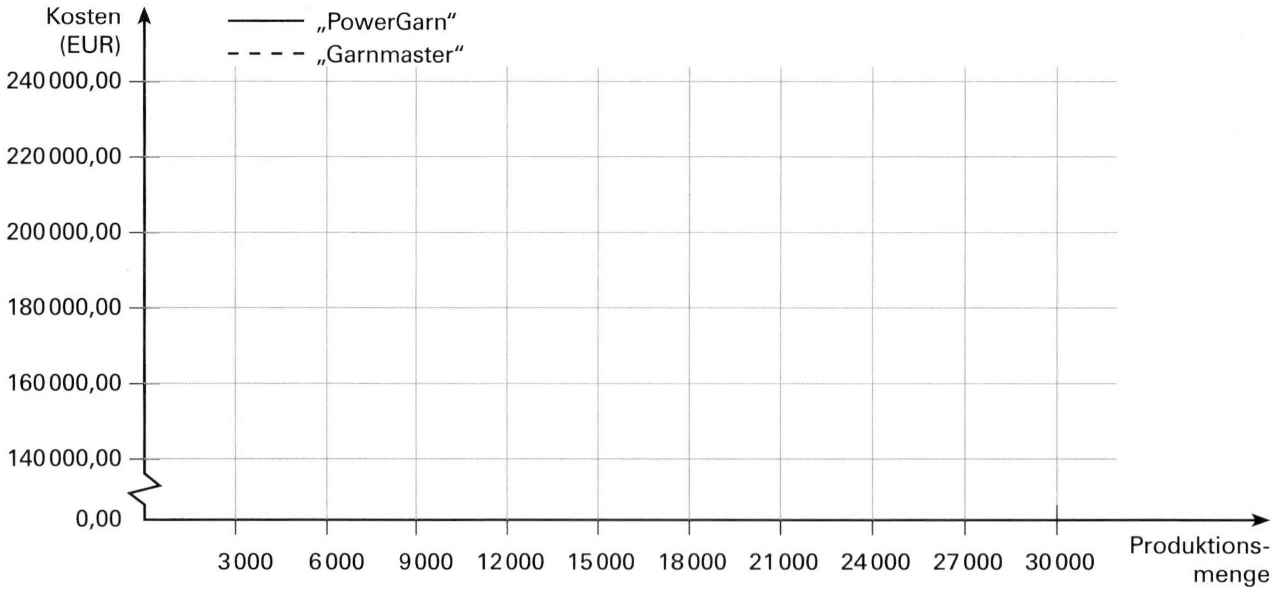

4. Ermitteln Sie für das erste Nutzungsjahr den Gewinn beider Maschinentypen.

	„PowerGarn“	„Garnmaster“
Umsatzerlöse		
Gesamtkosten		
Gewinn		

5. Ein Mitarbeiter des Unternehmens wendet ein, dass bei der Entscheidung für eine der beiden Alternativen („PowerGarn“ oder „Garnmaster“) auch die jeweilige Amortisationszeit einbezogen werden müsse. Wegen der zu erwartenden Risiken dürfe diese nicht mehr als 4 Jahre betragen.

5.1 Berechnen Sie für beide Maschinentypen die **Amortisationszeit** und beurteilen Sie das Ergebnis.

Formel	
„PowerGarn“	„Garnmaster“

5.2 Erläutern Sie, ob das Verfahren der Amortisationsrechnung als Entscheidungshilfe für die Beurteilung von Investitionsalternativen besser geeignet ist als die Kostenvergleichsrechnung.

Teil 2: Darlehensformen

Zur Finanzierung der neuen Produktionshalle in Höhe von 960 000,00 EUR plant die MicroTex Technologies GmbH, ein Darlehen mit einer Laufzeit von 10 Jahren aufzunehmen. Das Unternehmen rechnet mit einer Nutzungsdauer der Produktionshalle von 30 Jahren.

Die MicroTex Technologies GmbH hat bisher alle Finanzierungsangelegenheiten mit ihrer Hausbank, der Sparkasse Soest, abgewickelt. Die Geschäftsführung war bisher immer voll zufrieden und deshalb soll auch diese Investition wieder über der Sparkasse Soest finanziert werden. Die Hausbank bietet, aufgrund der aktuellen Niedrigzinsphase am Kapitalmarkt und wegen der hervorragenden Geschäftsbeziehungen zur MicroTex Technologies GmbH, folgenden Kredit an:

Auszahlung:	96 %
Sollzinssatz:	3 %
Darlehensart:	Abzahlungsdarlehen oder Annuitätendarlehen
Tilgungsmöglichkeiten:	Zins- und Tilgungsverrechnung jeweils am Jahresende

Arbeitsaufträge:

1. Berechnen Sie die Darlehenshöhe, welche bei der Sparkasse Soest beantragt werden muss.

Auszahlungsbetrag	
Kreditsumme	

2. Ermitteln Sie die Liquiditätsbelastung und den Gesamtaufwand für das Abzahlungsdarlehen und das Annuitätendarlehen für die ersten drei Jahre. Verwenden Sie hierzu nachfolgende Tabellen.

Abzahlungsdarlehen (in EUR):

Jahr	Darlehen Jahresanfang	Zinsen	Tilgung	Abschreibung Disagio	Mittelabfluss	Gesamtaufwand
1						
2						
3						
Summe	—					

Annuitätendarlehen (in EUR): Annuitätenfaktor: 0,117230505

Jahr	Darlehen Jahresanfang	Zinsen	Tilgung	Abschreibung Disagio	Mittelabfluss (Annuität)	Gesamtaufwand
1						
2						
3						
Summe	—					

3. Die MicroTex Technologies GmbH entscheidet sich nicht für die Alternative mit der besseren Ergebniswirkung, sondern bezieht noch andere Überlegungen für die Entscheidungsfindung ein.

   Ergänzen Sie hierzu nachfolgende Lücken.

   Die MicroTex Technologies GmbH entscheidet sich trotz einer Gewinnminderung von ______________________________ für das ______________.

   Bei dieser Darlehensart sinken die Zinsen und die Tilgung ____________ sich von Jahr zu Jahr.

   Insgesamt wird hierdurch in den ersten drei Jahren ein ______________ Mittelabfluss von ______________________________ erreicht.

Teil 3: Grundschuld

Die Besicherung der Produktionshalle soll in Form einer erstrangigen, sofort vollstreckbaren Buchgrundschuld auf das genannte Grundstück erfolgen.

Die vollautomatische Maschine zur Garnproduktion soll durch die Verpfändung von Wertpapieren besichert werden.

Arbeitsaufträge:

1. Erläutern Sie die genannte Grundschuld.

   Hinweis: Nutzen Sie hierfür auch das Internet zur Recherche.

Erstrangig:	
Sofort vollstreckbar:	
Buchgrundschuld:	

2. Erläutern Sie die rechtliche Konstruktion, die der Verpfändung zugrunde liegt.

HANDLUNGSFELD 7: WERTSTRÖME

Anforderungssituation 7.1

Schulbuch
S. 300–304

1 Bilanz sowie Gewinn- und Verlustrechnung einer Kapitalgesellschaft erstellen

Situation:

Die MicroTex Technologies GmbH hat die Vorarbeiten zum Jahresabschluss abgeschlossen. Jetzt steht noch die Aufstellung der Bilanz und der Gewinn- und Verlustrechnung an. Die Auszubildende Pia Tietgen, die gerade für 3 Monate in der Abteilung Rechnungswesen tätig ist, wird vom Abteilungsleiter Arno Best zur Mitarbeit aufgefordert.

Der Rechnungswesen-Abteilung liegen die folgenden Zahlen vor:

Konten	
Sachanlagen	12800000,00 EUR
Finanzanlagen	600000,00 EUR
Flüssige Mittel	800000,00 EUR
Roh-, Hilfs- und Betriebsstoffe	7400000,00 EUR
Forderungen aus Lieferungen und Leistungen	2300000,00 EUR
Stammkapital	9000000,00 EUR
Gewinnrücklagen	5000000,00 EUR
Verbindlichkeiten gegenüber Kreditinstituten	6600000,00 EUR
Sonstige Verbindlichkeiten	1100000,00 EUR
Verbindlichkeiten aus Lieferungen und Leistungen	2200 000,00 EUR
Umsatzerlöse für eigene Erzeugnisse	18390000,00 EUR
Sonstige betriebliche Erträge	90000,00 EUR
Verbrauch an Roh-, Hilfs- und Betriebsstoffen	6200000,00 EUR
Personalaufwand	5600000,00 EUR
Bilanzielle Abschreibungen	700000,00 EUR
Sonstige betriebliche Aufwendungen	4660000,00 EUR
Steuern vom Einkommen und vom Ertrag	420000,00 EUR
Sonstige Steuern	100000,00 EUR

Arbeitsaufträge:

1. Informieren Sie sich in Ihrem Schulbuch, welche gesetzlichen Regelungen für die Aufstellung der Bilanz und der GuV-Rechnung der MicroTex Technologies GmbH gelten.

2. Stellen Sie die Bilanz der MicroTex Technologies GmbH auf.

Aktiva	**Bilanz MicroTex Technologies GmbH** (in Mio. EUR)		Passiva
A. Anlagevermögen		**A. Eigenkapital**	
I. Sachanlagevermögen		I. Stammkapital	
II. Finanzanlagen		II. Gewinnrücklagen	
B. Umlaufvermögen		**B. Verbindlichkeiten**	
I. Vorräte		I. Verb. geg. Kreditinstituten	
II. Forderungen		II. Verb. a. Lief. u. Leist.	
III. Flüssige Mittel		III. Sonstige Verbindlichkeiten	

3. Erstellen Sie die GuV-Rechnung der MicroTex Technologies GmbH und ermitteln Sie den Jahresüberschuss.

GuV (nach § 275 HGB; verkürzt)		in Mio. EUR
1. Umsatzerlöse		
2. sonstige betriebliche Erträge		
3. Materialaufwand		
4. Personalaufwand		
5. Abschreibungen		
6. sonstige betriebliche Aufwendungen		
7. Steuern vom Einkommen und vom Ertrag		
8. Ergebnis nach Steuern		
9. sonstige Steuern		
10. Jahresüberschuss		

4. Nennen Sie mindestens zwei Gründe, warum der Gesetzgeber zur Erfolgsermittlung Formvorschriften erlassen hat.

➤ ______________________________

____

➤ ______________________________

____

➤ ______________________________

____

Schulbuch S. 307–315

2 Abschreibung und Probleme der Bewertung I

Situation:

Der Handlungsreisende Felix Pollmeier, angestellt bei der Weber Metallbau GmbH, erhält einen neuen Firmenwagen. Als er Hans-Jörg Weber einige Schriftstücke zur Unterschrift auf den Schreibtisch legt, findet er dort eine Notiz mit dem Vermerk „Abschreibung für den neuen Pkw ausweisen".

Weber Metallbau GmbH

Arbeitsaufträge:

1. Informieren Sie sich grundlegend über die Berechnung der Anschaffungskosten in Ihrem Schulbuch.

2. Buchen Sie die Anschaffung des neuen Pkw (Beleg 1) und den Rechnungsausgleich (Beleg 2) im Grundbuchauszug (hinter Beleg 2). Ermitteln Sie anschließend die Anschaffungskosten des Pkw.

Beleg 1: Rechnung

Hansen & Schulte GmbH + Co. KG

Geschäftsführer:
Hanna Hansen , Peter Schulte
Sitz der Gesellschaft:
Köln
Handelsregister:
Amtsgericht Köln, HRA 15377
Finanzamt Köln
USt-ID-Nummer: 813114007
Bankverbindung:
Sparkasse KölnBonn
IBAN: DE06 3705 0198 0000 0100 44
BIC: COLSDE33XXX
Telefon
0221 4783-00
Datum
05.04.20..

Hansen & Schulte GmbH + Co. KG · Brinkstr. 14–18 · 51065 Köln
Weber Metallbau GmbH
Alfred-Nobel-Str. 8
59494 Soest

Rechnung Nr. 1055

Sehr geehrter Herr Weber,

gemäß unseren Lieferungsbedingungen erhielten Sie heute von uns folgendes Fahrzeug:

1 Pkw, geschlossen, TDI, 103 KW, 6-Gang

einschließlich Überführungskosten und Zulassunsgebühren berechnen wir Ihnen dafür:

	Gesamtpreis
1 Pkw	30 781,84 EUR
Überführungskosten und Zulassungsgebühren	261,49 EUR
Rechnungsbetrag, netto	31 043,33 EUR
19 % Umsatzsteuer	5 898,23 EUR
Rechnungsbetrag, brutto	36 941,56 EUR

Wir erbitten die Zahlung innerhalb von 10 Tagen abzüglich 2 % Skonto oder innerhalb von 30 Tagen netto.

Bitte beachten Sie unsere Allgemeinen Geschäftsbedingungen.

Wir danken Ihnen für Ihren Auftrag und wünschen gute Fahrt. Bei Rückfragen wenden Sie sich bitte an Herrn Benschneider.

Beleg 2: Kontoauszug

SIK – KAD 8/98 S

Bitte beachten Sie die Hinweise auf der Rückseite

IBAN		BIC
DE64414500750000648554	SPARKASSE SOEST	WELADED1SOS

Buchungstag	Tag der Wertstellung	Verwendungszweck/Buchungstext	
		alter Kontostand	+ 192 987,60
15.04.	15.04.	Online-Auftrag 15.04.20.., 13:05 Uhr, 1. TAN 374497 Hansen & Schulte GmbH + Co. KG Rechnung Nr. 1055 abzüglich 2 % Skonto	– 36 202,73
		neuer Kontostand	+ 156 781,87

Weber Metallbau GmbH
Alfred-Nobel-Str. 8
59494 Soest

50/00

UST-ID DE 1463504540

Kontoauszug vom	Auszug	Blatt
15.04.20..	73	1

Buchung der Anschaffungskosten für den neuen Pkw (Beleg 1):

Konten	Soll	Haben

Rechnungsausgleich für den neuen Pkw (Beleg 2):

Konten	Soll	Haben

Berechnung der Anschaffungskosten:

3. Informieren Sie sich über Ursachen der Wertminderung und über das lineare Abschreibungsverfahren in Ihrem Schulbuch.

   Führen Sie rechnerisch unter Zuhilfenahme der nachfolgenden Vorlage die Abschreibung für den neuen Pkw nach der linearen Methode bis zum Ende der Nutzungsdauer durch. Nutzungsdauer 6 Jahre.

Anschaffungskosten	
– Abschreibung 1. Jahr ____________ ____________	
= Buchwert am Ende des 1. Jahres	
– Abschreibung 2. Jahr	
= Buchwert am Ende des 2. Jahres	
– Abschreibung 3. Jahr	
= Buchwert am Ende des 3. Jahres	
– Abschreibung 4. Jahr	
= Buchwert am Ende des 4. Jahres	
– Abschreibung 5. Jahr	
= Buchwert am Ende des 5. Jahres	
– Abschreibung 6. Jahr	
= Buchwert am Ende des 6. Jahres	
– Abschreibung 7. Jahr ____________	
= Buchwert am Ende des 7. Jahres	

4. Bilden Sie den Buchungssatz für die lineare Abschreibung des Pkw am Ende des ersten Jahres.

Konten	Soll	Haben

5. Beschreiben Sie die Problematik der Bewertung, indem Sie die Auswirkungen der Bewertung auf den Erfolg darstellen.

____

____

____

____

____

____

3 Abschreibung und Probleme der Bewertung II

Schulbuch S. 313–315

Situation:

Die Soester Büromöbel AG hat zur Holzbearbeitung eine Hobelmaschine im Einsatz, die 32 130,00 EUR einschließlich 19 % USt gekostet hat. Mittlerweile ist die Maschine seit zwei Jahren im Einsatz, die betriebsgewöhnliche Nutzungsdauer wird mit 16 Jahren angegeben. Die Abschreibung erfolgt linear.

Arbeitsaufträge:

1. Ermitteln Sie den Wertansatz der Hobelmaschine am Ende des dritten Nutzungsjahres, wenn sich inzwischen aufgrund technischer Verbesserungen ein Marktpreis von 15 500,00 EUR für die drei Jahre alte Hobelmaschine ergeben hat. Begründen Sie Ihren Wertansatz.

   Anschaffungskosten (__________ ≙ __________) __________

   – planmäßige Abschreibung __________

   = fortgeführte Anschaffungskosten 1. Nutzungsjahr __________

   – __________ Abschreibung __________

   = __________ 2. Nutzungsjahr __________

   – __________ Abschreibung __________

   – __________ Abschreibung __________

   = __________ 3. Nutzungsjahr __________

   Begründung für den ermittelten Wertansatz:

   ____

   ____

2. Beschreiben Sie, welcher Grundsatz der Bewertung von Vermögen und Verbindlichkeiten zugrunde liegt.

   ____

   ____

   ____

   ____

3. Erläutern Sie, welche Bedeutung eine einheitliche Bewertung für die Gesellschafter und Gläubiger eines Unternehmens hat.

   ____

   ____

   ____

   ____

Schulbuch S. 321–326

4 Jahresabschluss aufbereiten und auswerten

Situation:

Die Elektromotoren Jürgen Engel KG hat die Bewertung des Vermögens und der Schulden erledigt und den Jahresabschluss erstellt. Für sie scheint es ein erfolgreiches Jahr gewesen zu sein, schließlich hat die KG doch einen guten Jahresüberschuss erwirtschaftet.

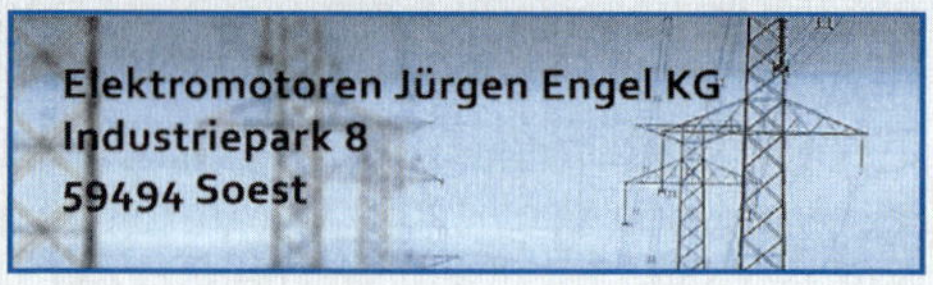

Der Ausweis des Jahresüberschusses genügt der Geschäftsleitung nicht. Sie ist der Ansicht, dass man erst nach Auswertung des aktuellen Jahresabschlusses zu einer gesicherten Meinung gelangen könne. Sie bittet daher die Controllingabteilung um eine Auswertung.

Für den kommenden Arbeitstag bittet der Abteilungsleiter Sven Erdmann daher um Mitarbeit bei der Aufbereitung des Jahresabschlusses und der Ermittlung der für die Elektromotoren Jürgen Engel KG wichtigen Bilanzkennziffern.

Am 31. Dezember 20.. weist die Elektromotoren Jürgen Engel KG folgende Bilanz aus:

Bilanz zum 31. Dezember 20.. (in EUR)

Aktiva			Passiva
A. Anlagevermögen		**A. Eigenkapital**	
Grundstücke und Gebäude	2 853 500,00	Komplementärkapital	4 500 000,00
TA und Maschinen	611 850,00	Kommanditkapital	1 400 000,00
Fuhrpark	435 000,00	Gewinnrücklagen	2 037 000,00
Büromöbel und Geschäftsausst.	1 387 150,00	**B. Fremdkapital**	
B. Umlaufvermögen		Darlehensschulden	7 092 633,00
Roh-, Hilfs- und Betriebsstoffe	2 633 718,00	Verbindlichkeiten a. Lief. u. Leist.	3 804 728,00
Unfertige Erzeugnisse	986 000,00	Sonstige Verbindlichkeiten	1 087 654,00
Fertige Erzeugnisse	2 082 500,00		
Waren	3 015 330,00		
Forderungen	5 417 739,00		
Bank	463 358,00		
Kasse	35 870,00		
Summe Aktiva	**19 922 015,00**	**Summe Passiva**	**19 922 015,00**

Arbeitsaufträge:

1. Erläutern Sie die Bedeutung eines Bilanzzeit- und Bilanzbetriebsvergleichs sowie die Voraussetzungen zur Berechnung von Bilanzkennziffern.

Bilanzzeitvergleich	
Bilanzbetriebsvergleich	

Voraussetzungen zur Berechnung von Bilanzkennziffern	

2. Bereiten Sie nach dem folgenden Muster die vorliegende Bilanz der Elektromotoren Jürgen Engel KG zur Analyse auf.

Aktiva	**Strukturbilanz** (Muster) Passiva
A. Anlagevermögen	**A. Eigenkapital**
B. Umlaufvermögen	**B. Fremdkapital**
I. Vorräte	I. Langfristiges Fremdkapital
II. Forderungen	II. Kurzfristiges Fremdkapital
III. Flüssige Mittel	

Aktiva	**Strukturbilanz der Elektromotoren Jürgen Engel KG** (in EUR) Passiva

3. Ermitteln Sie die Bilanzkennziffern zur Vermögens- und Kapitalstruktur der Elektromotoren Jürgen Engel KG.

➤ **Bilanzkennziffern zur Vermögensstruktur**

Anlageintensität = ______ = ______

Umlaufintensität = ______ = ______

Vorratsquote = ______ = ______

Forderungsquote = ______ = ______

➤ **Bilanzkennziffern zur Finanzierung (Kapitalstruktur)**

Eigenkapitalintensität = ____________________ = __________

Fremdkapitalintensität = ____________________ = __________

Verschuldungsgrad = ____________________ = __________

4. Ermitteln Sie die Bilanzkennziffern zur Investition und zur Liquidität der Elektromotoren Jürgen Engel KG.

➤ **Bilanzkennziffern zur Investition**

Anlagendeckung I = ____________________ = __________

Anlagendeckung II = ____________________ = __________

➤ **Bilanzkennziffern zur Liquidität**

Liquidität 1. Grades = ____________________ = __________

Liquidität 2. Grades = ____________________ = __________

Fortsetzung der Situation:

Aus dem vergangenen Geschäftsjahr liegen die folgenden Bilanzkennziffern für die Elektromotoren Jürgen Engel KG vor:

Bilanzkennziffern zur Vermögensstruktur

Anlageintensität:	24,45 %
Umlaufintensität:	75,55 %
Vorratsquote:	47,45 %
Forderungsquote:	22,18 %

Bilanzkennziffern zur Finanzierung

Eigenkapitalintensität:	34,24 %
Fremdkapitalintensität:	65,76 %
Verschuldungsgrad:	166,99 %

Bilanzkennziffern zur Investition

Anlagendeckung I:	132,88 %
Anlagendeckung II:	246,67 %

Bilanzkennziffern zur Liquidität

Liquidität 1. Grades:	9,30 %
Liquidität 2. Grades:	112,25 %

5. Werten Sie unter Berücksichtigung des vorliegenden Informationsmaterials die Bilanzkennziffern der Elektromotoren Jürgen Engel KG aus und erläutern Sie die „goldene Bilanzregel".

Auswertung der Bilanzkennziffern und die Erläuterung der „goldenen Bilanzregel“	
zur Vermögensstruktur	
zur Finanzierung (Kapitalstruktur)	

Auswertung der Bilanzkennziffern und die Erläuterung der „goldenen Bilanzregel“	
zur Investition	Die **goldene Bilanzregel,** nach der ______________ Vermögen (__________ vermögen) in jedem Fall durch ______________ Kapital finanziert werden muss, ist bei der Elektromotoren Jürgen Engel KG ______________ erfüllt.
zur Liquidität	

5 Grundbegriffe der Kosten- und Leistungsrechnung

Schulbuch S. 330–335

Situation:

Der Praktikant Viktor Czech darf heute Nachmittag an einer Besprechung zwischen den Abteilungsleitern des Rechnungswesens und des Controllings der Weber Metallbau GmbH teilnehmen. Dabei soll das diesjährige Betriebsergebnis diskutiert werden. Da Viktor den Unterschied zwischen dem Gesamtergebnis und dem Betriebsergebnis nicht kennt, wird er gebeten, sich am Vormittag anhand einiger Unterlagen auf die Besprechung vorzubereiten.

Weber Metallbau GmbH

Arbeitsaufträge:

1. Nennen Sie wichtige Aufgaben und Ziele der Kosten- und Leistungsrechnung.

➤ ______________________________

➤ ______________________________

➤ ______________________________

➤ ______________________________

2. Grenzen Sie die Kosten- und Leistungsrechnung von der Buchführung ab.

Buchführung	

Kosten- und Leistungsrechnung	

3. Vervollständigen Sie die folgenden Formeln.

______________	>	______________	=	Unternehmensgewinn
______________	<	______________	=	Unternehmensverlust
______________	>	______________	=	Betriebsgewinn
______________	<	______________	=	Betriebsverlust

4. Prüfen Sie, ob die folgenden Aussagen **richtig** oder **falsch** sind.

Nr.	Aussagen	Entscheidung
1	Aufwendungen und Erträge sind Begriffe der Erfolgsrechnung der Buchführung.	
2	Aufwendungen sind zugleich auch immer Ausgaben des Unternehmens.	
3	Einnahmen sind zugleich auch immer Erträge des Unternehmens.	
4	Neutrale Aufwendungen entstehen bei der Verfolgung betriebsfremder Ziele.	
5	Unter Aufwendungen versteht man den Werteverzehr im Unternehmen für betriebliche Zwecke.	
6	Das Betriebsergebnis wird aus der Gegenüberstellung der neutralen Aufwendungen und der Leistungen ermittelt.	
7	Das ermittelte Unternehmensergebnis im Rechnungskreis I enthält sowohl das Betriebsergebnis als auch das neutrale Ergebnis.	
8	Ein Betriebsgewinn wird dann erwirtschaftet, wenn die Leistungen höher sind als die Kosten.	

5. Ordnen Sie die folgenden Aufwands- und Ertragsarten korrekt zu:

(1) neutrale Aufwendungen
(2) neutrale Erträge
(3) betriebliche Aufwendungen (Kosten)
(4) betriebliche Erträge (Leistungen)

Nr.	Aufwands- und Ertragsarten	Entscheidung
1	Zinsaufwendungen	
2	Mieterträge für ein nicht betrieblich genutztes Gebäude	
3	Rückerstattung zu viel entrichteter Betriebssteuern für vergangene Geschäftsjahre	
4	Brandschaden im Rohstofflager	
5	Lohnzahlungen	
6	Ertrag aus dem Abgang einer Verpackungsmaschine	
7	Umsatzerlöse für eigene Erzeugnisse	
8	Abschreibungen auf ein vermietetes nicht betrieblich genutztes Gebäude	
9	Soziale Abgaben	
10	Verluste aus Wertpapiergeschäften	
11	Entnahme von Fertigerzeugnissen für private Zwecke	
12	Hoher Forderungsausfall eines Kunden	
13	Mietzahlung für ein Lagergebäude	
14	Instandhaltungsaufwand für Maschinen	
15	Gewerbesteuernachzahlung für vergangene Geschäftsjahre	

Schulbuch S. 338–340

6 Abgrenzungsrechnung I – unternehmensbezogene Abgrenzung

Situation:

Zusammen mit der stellvertretenden Abteilungsleiterin des Bereichs Rechnungswesen Frau Iris Beyer soll Viktor Czech die Abgrenzungsrechnung der Weber Metallbau GmbH für die vergangene Abrechnungsperiode vornehmen. Dazu haben sie sich von der Buchhaltung die Aufwendungen und Erträge der Finanzbuchführung geben lassen. Bevor die eigentliche Arbeit beginnt, bittet Iris Beyer Viktor, sich kurz über den technischen Ablauf und das Ziel der Abgrenzungsrechnung zu informieren. Für den Nachmittag verabreden sich beide, um dann die Abgrenzungsrechnung durchzuführen.

Weber Metallbau GmbH

Aus der vergangenen Abrechnungsperiode liegen für die Weber Metallbau GmbH folgende Daten vor:

	Aufwendungen in EUR	Erträge in EUR
Umsatzerlöse für eigene Erzeugnisse		4 320 122,00
Umsatzerlöse für Handelswaren		620 860,00
Periodenfremde Erträge		18 750,00
Zinserträge		5 710,00
Aufwendungen für Rohstoffe	1 350 000,00	
Aufwendungen für Hilfsstoffe	432 500,00	
Löhne	230 000,00	
Gehälter	270 000,00	
Abschreibungen auf Sachanlagen	56 430,00	
Mieten/Pachten	24 000,00	
Gebühren	9 500,00	
Büromaterial	53 000,00	
Spenden	1 500,00	
Versicherungsbeiträge	35 000,00	
Periodenfremde Aufwendungen	5 000,00	
Zinsaufwendungen	53 333,00	

Arbeitsaufträge:

1. Informieren Sie sich über den rechnungstechnischen Ablauf der unternehmensbezogenen Abgrenzung und beschreiben Sie diesen Ablauf kurz.

2. Ermitteln Sie das Unternehmensergebnis, das Ergebnis aus unternehmensbezogener Abgrenzung und das Betriebsergebnis, indem Sie die folgende Abgrenzungstabelle ausfüllen.

Rechnungskreis I			**Rechnungskreis II**					
Erfolgsbereich			**Abgrenzungsbereich**				**Kosten- und Leistungsrechnung**	
Buchführung			unternehmensbezogene Abgrenzungen		kostenrechnerische Korrekturen			
Konto	Aufw.	Erträge	Aufw.	Erträge	Aufw.	Erträge	Kosten	Leistungen
UE f. eig. Erz.								
UE f. HW								
Periodenfr. Erträge								
Zinserträge								
Aufw. f. Rohst.								
Aufw. f. Hilfsst.								
Löhne								
Gehälter								
Abschr. a. S.								
Mieten/Pachten								
Gebühren								
Büromaterial								
Spenden								
Versicherungen								
Per. Aufw.								
Zinsaufw.								
Summen								
Salden (Ergebnis)								

Unternehmens-ergebnis:	Ergebnis aus unternehmens-bezogener Abgrenzung:	Ergebnis aus kostenrechnerischen Korrekturen:	Betriebsergebnis:

Schulbuch S. 343–348

7 Abgrenzungsrechnung II – kostenrechnerische Korrekturen

Situation:

Viktor Czech freut sich, dass er die Technik der Abgrenzungsrechnung so schnell verstanden hat. Nach einem Gespräch mit Iris Beyer kehrt allerdings Ernüchterung bei Viktor ein: Er erfährt, dass es sich bei der durchgeführten Abgrenzungsrechnung nur um eine vereinfachte Form handelt.

Weber Metallbau GmbH

Kalkulatorische Kosten, die in jeder Abgrenzungsrechnung vorkämen, hätten bisher komplett gefehlt, erklärt ihm Iris Beyer. Dies soll sich nun ändern. Nachdem auch die kalkulatorischen Daten vorliegen, ist für den nächsten Vormittag erneut eine Abgrenzungsrechnung geplant. Grundlage dieser Arbeit werden dann die Daten aus dem Dezember sein. Viktor beschließt, sich bis zum nächsten Tag intensiv auf die anstehende Arbeit vorzubereiten.

Arbeitsaufträge:

1. Informieren Sie sich in Ihrem Schulbuch über den Zweck und den Umfang der kalkulatorischen Kosten und klären Sie die Begriffe „Grundkosten“, „Anderskosten“ und „Zusatzkosten“.

Grundkosten	
Anderskosten	
Zusatzkosten	

2. Bearbeiten Sie das Arbeitsblatt 1.

Arbeitsblatt 1:

Der Buchführung der Weber Metallbau GmbH sind folgende Buchwerte entnommen:

Konto „Technische Anlagen und Maschinen“	660 000,00 EUR
Konto „Geschäftsausstattung“	1 350 000,00 EUR

Abschlussangaben:

1.	Bilanzielle Abschreibungen 20 % auf dem Konto „Techn. Anl. u. Masch.“ von den Anschaffungskosten 15 % auf dem Konto „Geschäftsausstattung“ von den Anschaffungskosten	 1 100 000,00 EUR 2 300 000,00 EUR
2.	Kalkulatorische Abschreibungen 20 % auf dem Konto „Techn. Anl. u. Masch.“ von den Wiederbeschaffungskosten 10 % auf dem Konto „Geschäftsausstattung“ von den Wiederbeschaffungskosten	 Preisindex 1,20 Preisindex 1,08

Aufgabe:
Ermitteln Sie die Beträge für die bilanziellen und die kalkulatorischen Abschreibungen.

	Bilanzielle Abschreibungen in EUR	Kalkulatorische Abschreibungen in EUR
Konto „Techn. Anl. und Maschinen“		
Konto „Geschäftsausstattung“		
Gesamt		

3. Bearbeiten Sie das Arbeitsblatt 2.

Arbeitsblatt 2:

Die Weber Metallbau GmbH verfügt über folgende Vermögenswerte:

Anlagevermögen:	Gebäude	1 800 000,00 EUR
	TA und Maschinen	660 000,00 EUR
	Fuhrpark	430 000,00 EUR
	Büromöbel und Geschäftsausstattung	1 300 000,00 EUR
Umlaufvermögen:	Fertige und unfertige Erzeugnisse	2 900 000,00 EUR
	Kundenforderungen	5 400 000,00 EUR
	Zahlungsmittel	485 000,00 EUR

Unter den Gebäuden befindet sich eine Lagerhalle (350 000,00 EUR), die dauerhaft vermietet ist. Die Verpackungsmaschine (38 000,00 EUR) ist vor einem halben Jahr durch eine vollautomatische Anlage ersetzt worden und seit diesem Termin außer Betrieb. Das Abzugskapital besteht aus Lieferantenkrediten in Höhe von 355 000,00 EUR.

Der kalkulatorische Zinssatz wird mit 8 % angesetzt. Die tatsächlich gezahlten Fremdkapitalzinsen betragen 655 000,00 EUR.

Aufgabe:
Berechnen Sie das betriebliche Kapital und stellen Sie die kalkulatorischen den bilanziellen Zinsen gegenüber.

Betriebliches Anlagevermögen:

Gebäude ____________________

maschinelle Anlagen ____________________

Fuhrpark ____________________

Büromöbel und Geschäftsausstattung ____________________

= **Gesamt** ____________________

Betriebliches Umlaufvermögen:

fertige und unfertige Erzeugnisse ____________________

Kundenforderungen ____________________

Zahlungsmittel ____________________

= **Gesamt** ____________________

Betriebliches Kapital:

betriebliches Anlagevermögen ____________________

betriebliches Umlaufvermögen ____________________

= betriebliches Vermögen ____________________

Abzugskapital ____________________

= **betriebliches Kapital** ____________________

Bilanzielle Zinsen

Kalkulatorische Zinsen

4. Bearbeiten Sie das Arbeitsblatt 3.

Arbeitsblatt 3:

Die Weber Metallbau GmbH hat in den vergangenen Jahren nachfolgende Daten ermittelt:

	Eingetretene Risiken	Umsatz zu Selbstkosten
1. Jahr	518 000,00 EUR	51 400 000,00 EUR
2. Jahr	414 500,00 EUR	51 030 000,00 EUR
3. Jahr	512 850,00 EUR	49 150 000,00 EUR
4. Jahr	523 000,00 EUR	50 020 000,00 EUR
5. Jahr	482 400,00 EUR	52 240 000,00 EUR
6. Jahr	516 500,00 EUR	51 031 250,00 EUR

1. Berechnen Sie das jährliche Wagnis in Prozent.

	Wagnis in Prozent
1. Jahr	
2. Jahr	
3. Jahr	
4. Jahr	
5. Jahr	
6. Jahr	

2. Berechnen Sie den Wagniszuschlag für das 7. Jahr aufgrund der eingetretenen Wagnisse der letzten sechs Jahre.

Durchschnittliches Risiko der letzten sechs Jahre in EUR ____________________

Durchschnittlicher Umsatz der letzten sechs Jahre in EUR ____________________

Wagnis für das 7. Jahr (in Prozent) ____________________

5. Informieren Sie sich in Ihrem Schulbuch darüber, wie kalkulatorische Kosten in die Abgrenzungsrechnung übertragen werden und vervollständigen Sie den folgenden Lückentext.

Für die Abstimmung der Rechnungskreise gilt:

		Ergebnis aus		Ergebnis aus		
____________	–	____________	–	____________	=	____________
ergebnis		____________		____________		ergebnis
		Abgrenzung		Korrekturen		

Bei allen Aufwendungen der Buchführung, die in der Kosten- und Leistungsrechnung anders verrechnet werden sollen, wird der Betrag der Buchführung zunächst unverändert ______________________________ übernommen. Der Betrag, der in das Betriebsergebnis als Kosten verrechnet werden soll, wird ______________________________ übernommen und gleichzeitig bei ______________________________ eingetragen.

Zusatzkosten, bei denen keine Aufwandsbuchung in der Buchführung vorliegt, werden nur in die ______________________________ sowie in die ______________________________ eingetragen. Da es für diese Positionen keine Kontonummern gibt, gilt es hier, aussagekräftige Kontenbezeichnungen zu wählen.

Fortsetzung der Situation:

Iris Beyer hat die Aufwendungen und Erträge der Weber Metallbau GmbH für die vergangene Abrechnungsperiode (Dezember 20..) zusammengestellt. Danach ergibt sich folgendes Bild:

	Aufwendungen in EUR	Erträge in EUR
Umsatzerlöse für eigene Erzeugnisse		4 430 172,00
Umsatzerlöse für Handelswaren		590 860,00
Periodenfremde Erträge		19 750,00
Zinserträge		6 110,00
Aufwendungen für Rohstoffe	1 280 000,00	
Aufwendungen für Hilfsstoffe	428 300,00	
Löhne	278 000,00	
Gehälter	314 000,00	
Abschreibungen auf Sachanlagen	53 740,00	
Mieten/Pachten	26 500,00	
Gebühren	11 000,00	
Büromaterial	49 400,00	
Spenden	8 500,00	
Versicherungsbeiträge	63 000,00	
Verluste aus Schädensfällen (nicht abgedeckt)	135 000,00	
Periodenfremde Aufwendungen	7 350,00	
Gewerbesteuer	34 475,00	
Zinsaufwendungen	57 930,00	

Angaben aus der Kosten- und Leistungsrechnung:

1. Die kalkulatorischen Abschreibungen auf Sachanlagen betragen 50 000,00 EUR.
2. Das betriebliche Kapital beträgt 1 025 000,00 EUR, der Zinssatz 8,0 %.
3. Die kalkulatorischen Wagnisse werden mit 93 500,00 EUR angesetzt.
4. Die Gewerbesteuer enthält eine Steuernachzahlung aus dem vergangenen Geschäftsjahr in Höhe von 2 500,00 EUR.
5. Der kalkulatorische Unternehmerlohn wird mit 16 500,00 EUR angesetzt.

6. Ermitteln Sie auf der Basis der vorangestellten Informationen das Unternehmensergebnis, das Ergebnis aus unternehmensbezogener Abgrenzung, das Ergebnis aus kostenrechnerischen Korrekturen sowie das Betriebsergebnis, indem Sie die folgende Abgrenzungstabelle ausfüllen.

Rechnungskreis I			**Rechnungskreis II**					
Erfolgsbereich			**Abgrenzungsbereich**				**Kosten- und Leistungsrechnung**	
Buchführung			unternehmensbezogene Abgrenzungen		kostenrechnerische Korrekturen			
Konto	Aufw.	Erträge	Aufw.	Erträge	Aufw.	Erträge	Kosten	Leistungen
UE f. eig. Erz.								
UE f. HW								
Periodenfr. Erträge								
Zinserträge								
Aufw. f. Rohst.								
Aufw. f. Hilfsst.								
Löhne								
Gehälter								
Abschr. a. S.								
Mieten/Pachten								
Gebühren								
Büromaterial								
Spenden								
Versicherungen								
Schadensfälle								
Per. Aufw.								
Gewerbesteuer								
Zinsaufw.								
Untern.-Lohn								
Summen								
Salden (Ergebnis)								
	Unternehmens-ergebnis:		Ergebnis aus unternehmens-bezogener Abgrenzung:		Ergebnis aus kostenrechnerischen Korrekturen:		Betriebsergebnis:	

Schulbuch S. 357–361

8 Kostenartenrechnung

Situation 1:

Das Grundentgelt für den Stromanschluss im Gebäude von Beauty Moments Emmy Reisacher e. Kfr. beträgt je Monat 136,00 EUR. Das Entgelt für eine kWh beträgt 9,2 ct.

Arbeitsaufträge:

1. Berechnen Sie bei unterschiedlichen monatlichem Stromverbrauch die Kosten. Verwenden Sie dazu die nachfolgende Tabelle.

Strom-verbrauch kWh	Fixe Kosten in EUR (Stromanschluss)		Variable Kosten in EUR		Kosten insgesamt in EUR	
	gesamt	je Einheit	gesamt	je Einheit	gesamt	je Einheit
2000						
2500						
3000						
3500						
4000						

2. Stellen Sie die Kosten insgesamt und je Einheit grafisch dar.

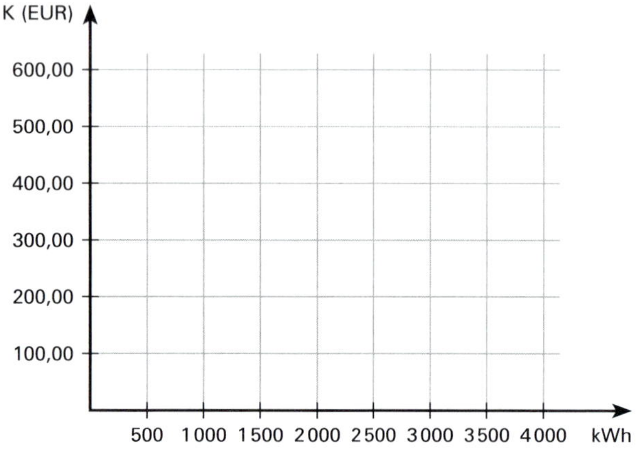

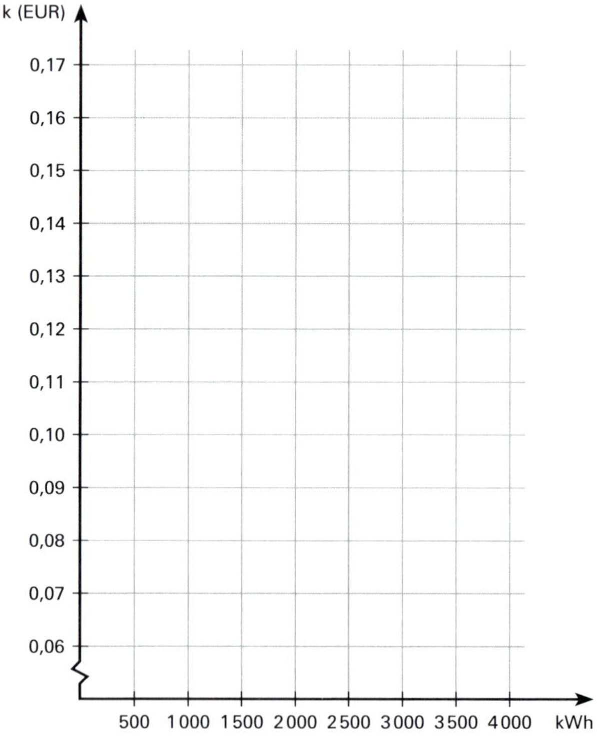

Situation 2:

Die Soester Büromöbel AG hat für einen Zweigbetrieb eine lineare Kostenstruktur ermittelt:

Die Fixkosten betragen 45 000,00 EUR/Monat. Die Gesamtkosten belaufen sich bei einer Produktionsmenge von 5 000 Einheiten auf 85 000,00 EUR.

Arbeitsaufträge:

1. Berechnen Sie die Gesamtkosten und die Stückkosten. Verwenden Sie dazu die angegebene Tabelle.

Produktionsmenge	K_{fix}	K_v (proportinaler Verlauf)	K	k_{fix}	k_v	k
1 000						
2 000						
3 000						
4 000						
5 000						

2. Stellen Sie den Verlauf der Gesamtkosten (K) und der Stückkosten (k) jeweils grafisch dar.

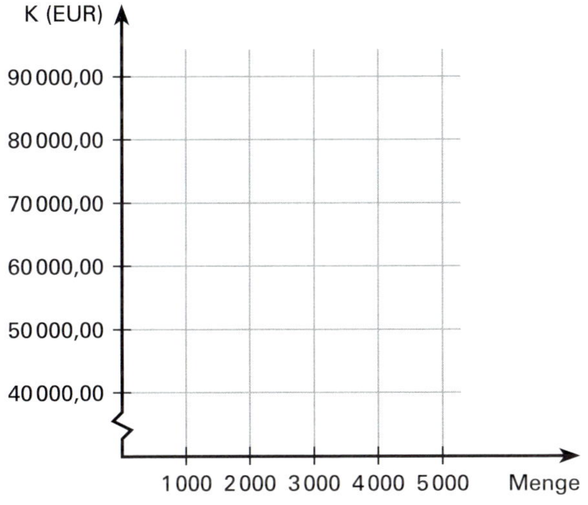

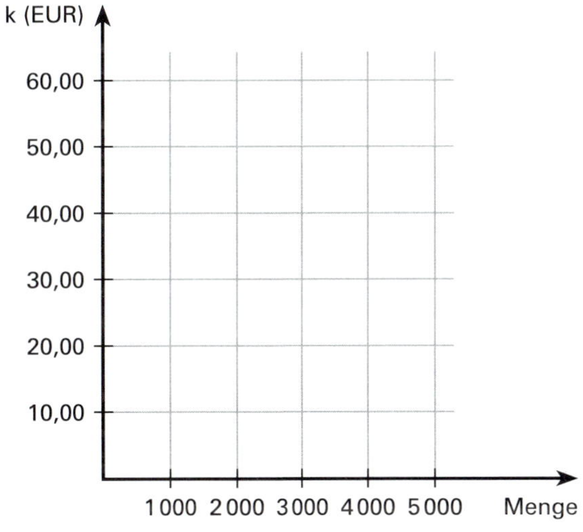

3. Ein kleiner Industriebetrieb, der für die Soester Büromöbel AG spezielle Beschläge für die Sitz-/Steharbeitsplätze liefert, will eine Analyse seiner Kosten durchführen.

3.1 Berechnen Sie die fehlenden Werte in der Tabelle.

Produktionsmenge	K_{fix}	K_v	K	k_{fix}	k_v	k
0	2000,00	–				
100		400,00				
200		800,00				
300		1200,00				
400		1600,00				
500		2000,00				

3.2 Nennen Sie je drei Beispiele für absolut fixe Kosten und variable Kosten.

Absolut fixe Kosten	Variable Kosten
➤	➤
➤	➤
➤	➤

3.3 Stellen Sie den Verlauf der Gesamtkosten (K) und der Stückkosten (k) jeweils grafisch dar.

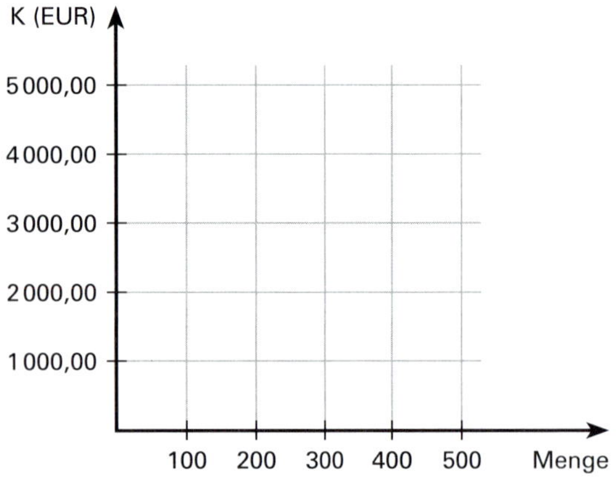

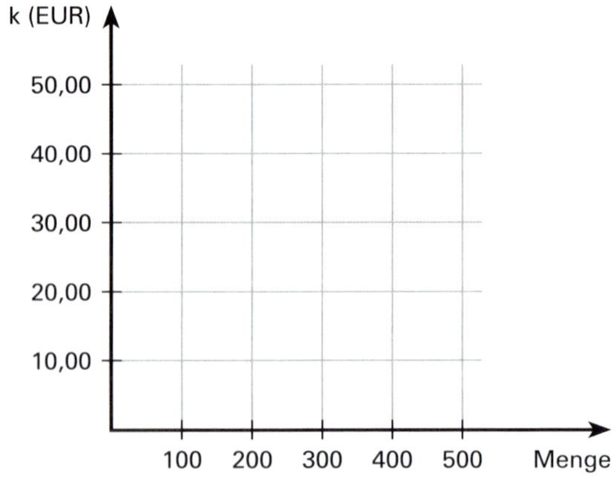

Schulbuch S. 365–371

9 Kostenstellenrechnung

Situation:

Die Motorenwerke Anton Thomalla GmbH haben von einem Blockheizwerkbetreiber eine Anfrage über die Lieferung von 100 Motoren erhalten. Für die Abgabe eines Angebots möchte Anton Thomalla die aktuellen Zuschlagssätze des vergangenen Monats Februar verwenden.

Motorenwerke Anton Thomalla GmbH

Die Kostenartenrechnung der Motorenwerke Anton Thomalla GmbH weist für den Monat Februar 20.. folgende Kosten im Bereich Motoren aus, die nach den angegebenen Verteilungsschlüsseln auf die einzelnen Kostenstellen zu verteilen sind:

Aufwendungen für Fertigungsmaterial 1 285 000,00 EUR
Fertigungslöhne 217 000,00 EUR

Gemeinkostenarten	Beträge in EUR	Verteilungsschlüssel			
		Material	Fertigung	Verwaltung	Vertrieb
Aufw. f. Hilfsstoffe	403 000,00	3	8	–	2
Gehälter	255 000,00	2	1	9	3
Kalk. Abschreibungen	53 880,00	2	11	4	3
Mietaufwendungen	33 600,00	1	1	5	–
Energiekosten	39 280,00	1	9	4	2
Instandhaltung	40 788,00	4	9	2	3
Werbung	12 880,00	1	4	5	4

Arbeitsaufträge:

1. Erläutern Sie, welche Aufgaben die Kostenstellenrechnung hat.

   Die Kostenstellenrechnung hat im Wesentlichen zwei Aufgaben zu erfüllen:

   ➤

2. Verteilen Sie die Gemeinkosten entsprechend der Verteilungsschlüssel auf die vier Kostenstellen.

3. Berechnen Sie die Gemeinkostenzuschlagssätze.

Gemeinkostenarten	Beträge in EUR	Verteilungsschlüssel			
		Material	Fertigung	Verwaltung	Vertrieb
Aufw. f. Hilfsstoffe	403 000,00				
Gehälter	255 000,00				
Kalk. Abschreibungen	53 880,00				
Mietaufwendungen	33 600,00				
Energiekosten	39 280,00				
Instandhaltung	40 788,00				
Werbung	12 880,00				
Summe					
Zuschlagsgrundlagen:					
Aufw. f. Fertigungsmaterial					
Fertigungslöhne					
Herstellkosten der Rechnungsperiode					
Zuschlagssätze					

Fortsetzung der Situation:

Um ein sorgfältig durchkalkuliertes Angebot abzugeben, möchte Anton Thomalla auch die aktuellen Zuschlagssätze für die Abteilung „Reparaturen“ zur Kostenkontrolle überprüfen.

Die Kostenartenrechnung der Motorenwerke Anton Thomalla GmbH weist für den Monat Februar 20.. folgende Kosten im Bereich der Abteilung „Reparaturen“ aus, die nach den angegebenen Verteilungsschlüsseln auf die einzelnen Kostenstellen zu verteilen sind:

Gemeinkostenarten	Beträge in EUR	Verteilungsschlüssel				
		Motorengruppe I	Motorengruppe II	Motorengruppe III	Motorengruppe IV	Motorengruppe V
Personalkosten	75 823,00	4	1	1	3	2
Aufw. f. Hilfsstoffe	6 430,00	1	2	3	3	1
Aufw. f. Betriebsstoffe	4 200,00	1	2	2	5	2
Aufw. f. Energie	1 596,00	2	3	3	2	2
Frachten	980,00	2	2	1	1	2
Versicherungen	1 310,00	1	3	3	2	1
kalkulatorische Kosten	11 472,00	3	3	2	2	2

Verbrauch an Rohstoffen und Fertigteilen:

Motorengruppe I	49 350,00 EUR	Motorengruppe IV	80 000,00 EUR
Motorengruppe II	63 920,00 EUR	Motorengruppe V	68 500,00 EUR
Motorengruppe III	75 000,00 EUR		

4. Verteilen Sie die Gemeinkosten entsprechend der Verteilungsschlüssel auf die vier Kostenstellen.

5. Berechnen Sie die vier Gemeinkostenzuschlagssätze sowie die Selbstkosten der Abteilung „Reparaturen“ für den Februar 20..

Gemeinkostenarten	Beträge in EUR	Verteilungsschlüssel				
		Motorengruppe I	Motorengruppe II	Motorengruppe III	Motorengruppe IV	Motorengruppe V
Personalkosten	75 823,00					
Aufw. f. Hilfsstoffe	6 430,00					
Aufw. f. Betriebsstoffe	4 200,00					
Aufw. f. Energie	1 596,00					
Frachten	980,00					
Versicherungen	1 310,00					
kalkulatorische Kosten	11 472,00					
Summe						
Zuschlagsgrundlagen						
Zuschlagssätze						

Berechnung der Selbstkosten der Abteilung „Reparaturen“

10 Kostenträgerzeitrechnung

Schulbuch S. 376–382

Situation 1:

Die Abgrenzungstabelle der Soester Büromöbel AG liefert bei den drei Produkten (A–C) aus dem Bereich „Bürostühle“ folgende Zahlen:

	Gesamt	A	B	C
Fertigungsmaterial	200000,00 EUR	60000,00 EUR	35000,00 EUR	105000,00 EUR
Fertigungslöhne	75000,00 EUR	20000,00 EUR	31000,00 EUR	24000,00 EUR
Nettoverkaufserlöse	510000,00 EUR	125800,00 EUR	113700,00 EUR	270500,00 EUR

Die Istgemeinkosten laut BAB betragen:

MGK: 28200,00 EUR — VerwGK: 32900,00 EUR
FGK: 117500,00 EUR — VertrGK: 15250,00 EUR

Die Soester Büromöbel AG rechnet mit folgenden Normalgemeinkostenzuschlägen:

MGK: 10 % — VerwGK: 8 %
FGK: 160 % — VertrGK: 5 %

Arbeitsaufträge:

1. Erstellen Sie das Kostenträgerblatt auf Normalkostenbasis und ermitteln Sie das Umsatzergebnis der Soester Büromöbel AG (siehe Material 1).
2. Weisen Sie die einzelnen Über- und Unterdeckungen aus, arbeiten Sie den Saldo in das Kostenträgerblatt ein und ermitteln Sie dort das Betriebsergebnis der Soester Büromöbel AG (siehe Material 2).

Material 1:

	Normalkosten			
	Gesamt (in EUR)	A (in EUR)	B (in EUR)	C (in EUR)
Fertigungsmaterial				
MGK (10 %)				
= Materialkosten				
Fertigungslöhne				
FGK (160 %)				
= Fertigungskosten				
Herstellkosten der Produktion				
VerwGK (8 %)				
VertrGK (5 %)				
= Selbstkosten des Umsatzes				

Nettoverkaufserlöse				
Selbstkosten der Rechn.-Periode				
= Umsatzergebnis				
Über-/Unterdeckung				
= Betriebsergebnis				

Material 2:

	Material (in EUR)	Fertigung (in EUR)	Verwaltung (in EUR)	Vertrieb (in EUR)
Ist-Zuschläge				
Ist-Zuschlagssätze (in %)				
Normal-Zuschläge				
Normal-Zuschlagssätze (in %)				
Überdeckung				
Unterdeckung				

Als Saldo ergibt sich eine __________deckung in Höhe von __________ EUR.

Situation 2:

Die Sport-Burr KG weist für den Bereich Skier folgende Istkosten auf:

Verbrauch von Fertigungsmaterial (FM)	720 000,00 EUR
Materialgemeinkosten (MGK)	64 800,00 EUR
Fertigungslöhne (FL)	415 200,00 EUR
Fertigungsgemeinkosten (FGK)	519 000,00 EUR
Verwaltungsgemeinkosten (VerwGK)	240 660,00 EUR
Vertriebsgemeinkosten (VertrGK)	171 900,00 EUR

Normalzuschlagssätze: MGK: 10 % FGK: 100 % VerwGK: 20 % VertrGK: 15 %

Arbeitsaufträge:

3. Stellen Sie die Gesamtkalkulation sowohl auf Sollkostenbasis (Normalkosten) als auch auf Istkostenbasis auf.
4. Berechnen Sie die Kostenüber- bzw. Kostenunterdeckung.
5. Berechnen Sie die Ist-Zuschlagssätze.

Bezeichnungen	Istkosten	Zuschlagssätze		Normalkosten	Kostenüber-/ -unterdeckung
		Ist	Normal		
Verbr. v. Fertigungsmaterial MGK					
Materialkosten					
Fertigungslöhne FGK					
Fertigungskosten					
Herstellkosten d. Produktion					
VerwGK VertrGK					
Selbstkosten des Umsatzes					

Schulbuch S. 384–391

11 Kostenträgerstückrechnung

Situation:

Die MicroTex Technologies GmbH erhält eine Anfrage von einer Textilfabrik zur Abgabe eines Angebots über eine Spezialmaschine zur Herstellung von Hybridgarnen. Der Geschäftsführer der MicroTex Technologies GmbH Axel Winterer beauftragt daraufhin die Einkaufsabteilung, ein solches Angebot zu erstellen.

Nach Annahme des Konstruktionsvorschlags durch die Textilfabrik ermittelt die MicroTex Technologies GmbH folgende Kalkulationsdaten:

Fertigungsmaterial:	7 200,00 EUR			
Fertigungslöhne:	196 Stunden zu je 56,00 EUR			
Zuschlagssätze laut BAB:	MGK: 12 %	FGK: 123 %	VerwGK: 17 %	VertrGK: 5,5 %

Ferner sind zu berücksichtigen:

3 % Skonto, 7 % Vertreterprovision, 10 % Sonderrabatt, 15 % Gewinn.

Arbeitsaufträge:

1. Ermitteln Sie den Angebotspreis für die Spezialmaschine zur Herstellung von Hybridgarnen, wenn 15 % Gewinn erzielt werden sollen.

	Fertigungsmaterial
	12 % MGK
=	Materialkosten
	Fertigungslöhne
	123 % FGK
=	Fertigungskosten
	Herstellkosten
	17 % VerwGK
	5,5 % VertrGK
=	Selbstkosten
	15 % Gewinn
=	Barverkaufspreis
	7 % Vertreterprovision
	3 % Skonto
=	Zielverkaufspreis
	10 % Rabatt
=	Listenverkaufspreis

2. Nach Erhalt des Angebots teilt die Textilfabrik mit, dass ein Konkurrenzunternehmen ein Angebot mit einem Preis von 55 100,00 EUR unterbreitet hat.

Die MicroTex Technologies GmbH ist sehr an diesem Auftrag interessiert und möchte das Konkurrenzangebot um 800,00 EUR unterbieten. Überprüfen Sie, ob dies möglich ist, wenn die MicroTex Technologies GmbH einen Gewinn von mindestens 8 % erzielen möchte.

	Selbstkosten	
	Gewinn	
=	Barverkaufspreis	
	7 % Vertreterprovision	
	3 % Skonto	
=	Zielverkaufspreis	
	10 % Rabatt	
=	Listenverkaufspreis	

Ergebnis: ____________________

____

____

3. Vervollständigen Sie den nachfolgenden Lückentext zur Kostenträgerrechnung.

Kalkuliert wird mit ____________________, da die tatsächlich anfallenden Kosten noch nicht bekannt sind. ____________________ sind Durchschnittswerte der Istkosten mehrerer Abrechnungsperioden.

Mithilfe der Kostenträgerstückrechnung – auch ____________________ genannt – werden vor allem die ____________________ für einzelne Kostenträger (Erzeugnis, Handelsware, Auftrag oder Serie) ermittelt. Mit ihrer Hilfe werden Angebotspreise berechnet und Kostenkontrollen durchgeführt.

Im Rahmen einer ____________________ werden die voraussichtlichen ____________________ eines Auftrages ermittelt. Diese Daten benötigt ein Unternehmen, um seinen Kunden einen verbindlichen Angebotspreis nennen zu können.

Ob die kalkulierten Beträge auch tatsächlich in der Realität entstanden sind, wird im Rahmen einer ____________________ mithilfe der ____________________ überprüft.

Schulbuch S. 392–393

12 Kostenkontrolle: Nachkalkulation

Situation:

Nach der Lieferung der Spezialmaschine für die Herstellung von Hybridgarnen (siehe Situation zu Kapitel 11) möchte der Geschäftsführer der MicroTex Technologies GmbH wissen, ob der errechnete Gewinn auch tatsächlich erzielt worden ist. Er beauftragt daher die Controllingabteilung damit, eine Nachkalkulation durchzuführen.

Die MicroTex Technologies GmbH hat inzwischen die Istkosten für die Spezialmaschine zur Herstellung von Hybridgarnen ermittelt. Diese sehen wie folgt aus:

Fertigungsmaterial:	7305,00 EUR			
Fertigungslöhne:	187 Stunden zu je 56,00 EUR			
Ist-Zuschlagssätze laut BAB:	MGK: 10,8 %	FGK: 126 %	VerwGK: 14,7 %	VertrGK: 9 %

Es gilt der ermittelte Angebotspreis.

Arbeitsaufträge:

1. Berechnen Sie den Erfolg, den die MicroTex Technologies GmbH mit diesem Auftrag erwirtschaftet hat, indem Sie mithilfe der folgenden Vorlage die Nachkalkulation durchführen.

	Vorkalkulation (in EUR)		Nachkalkulation (in EUR)	
Materialeinzelkosten				
Materialgemeinkosten	12 %		10,8 %	
Materialkosten				
Fertigungslöhne				
Fert.-Gemeinkosten	123 %		126 %	
Fertigungskosten				
Herstellkosten				
Verw.-Gemeinkosten	17 %		14,7 %	
Vertr.-Gemeinkosten	5,5 %		9 %	
Selbstkosten				
Gewinn	15 %			
Barverkaufspreis				
Vertreterprovision	7 %			
Kundenskonto	3 %			
Zielverkaufspreis				
Kundenrabatt	10 %			
Listenverkaufspreis (Nettoverkaufspreis)				

Berechnung des Gewinnsatzes:

2. Erläutern Sie die Ziele, den Aufbau und die Aufgaben der Kostenträgerzeitrechnung (des Kostenträgerblattes).

Ziele

Aufbau

Aufgaben

13 Deckungsbeitragsrechnung I – Grundlagen und Gewinnschwelle berechnen

Schulbuch S. 401–408

Situation 1:

Bei Stefan Osann e. Kfm. sind für das vierte Quartal des vergangenen Geschäftsjahres folgende Kostenarten und Kostenhöhen bei der Warengruppe „Schreib-Papiere“ ermittelt worden:

Kostenart	Betrag in EUR
Gehälter	143 790,00
Abschreibungen auf Sachanlagen	34 236,00
Frachtkosten	10 500,00
Mietaufwendungen	8 700,00
Gebühren	3 300,00
Zinsaufwendungen	40 260,00
Verpackungskosten	5 550,00

Der Listenverkaufspreis beträgt 28,11 EUR pro 1 000 Blatt in der Warengruppe „Schreib-Papiere“. Der Verlauf der variablen Kosten wird als proportional angenommen.

Absatzmengen der Warengruppe „Schreib-Papiere“ im vergangenen Geschäftsjahr:

Zeitraum	Absatzmengen in Stück
1. Quartal	7 670 000
2. Quartal	9 220 000
3. Quartal	9 645 000
4. Quartal	8 500 000

Arbeitsaufträge:

1. Entscheiden Sie bei den aufgeführten Kostenarten, ob es sich um **variable oder fixe Kosten** handelt. Tragen Sie Ihre Entscheidung in die folgende Tabelle ein.

Kostenart	Betrag in EUR	fix/variabel
Gehälter	143 790,00	
Abschreibungen auf Sachanlagen	34 236,00	
Frachtkosten	10 500,00	
Mietaufwendungen	8 700,00	
Gebühren	3 300,00	
Zinsaufwendungen	40 260,00	
Verpackungskosten	5 550,00	

2. Berechnen Sie **die variablen Kosten** je 1 000 Blatt für das 4. Quartal. Da der Kostenverlauf der variablen Kosten proportional ist, gilt der errechnete Betrag auch für die ersten drei Quartale.

variable Kosten pro 1 000 Blatt = ____________________ = __________

3. Ermitteln Sie den **Betriebsgewinn bzw.** den **Betriebsverlust** von Stefan Osann e. Kfm. für die vier Quartale des vergangenen Geschäftsjahres.

	1. Quartal (in EUR)	2. Quartal (in EUR)	3. Quartal (in EUR)	4. Quartal (in EUR)
Verkaufserlöse				
variable Kosten				
= Zwischensumme				
fixe Kosten				
= Betriebsgewinn/-verlust				

4. Geben Sie die **Stückkosten** für die vier Quartale des vergangenen Geschäftsjahres an.

	1. Quartal (in EUR)	2. Quartal (in EUR)	3. Quartal (in EUR)	4. Quartal (in EUR)
variable Kosten je 1000 Blatt				
fixe Kosten je 1000 Blatt				
= Kosten je 1000 Blatt gesamt				

5. Stellen Sie die **Grundidee der Deckungsbeitragsrechnung** dar.

Situation 2:

Die Geschäftsleitung der Elektromotoren Jürgen Engel KG vermutet, dass die Produktion der Warnlampe „Mini“ mit Verlust verbunden ist. Sie möchte deshalb herausfinden, ob sie nicht besser die Produktion der Warnlampe einstellen sollte.

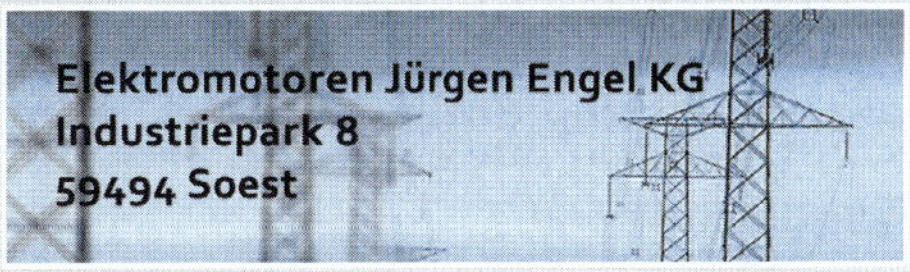

Am Ende eines Rechnungsabschnitts stehen folgende Zahlen zur Verfügung:

Einzelkosten	Warnlampe „Mini“	Warnlampe „Maxi“
Verbrauch von Fertigungsmaterial	25 000,00 EUR	45 000,00 EUR
Fertigungslöhne	35 000,00 EUR	70 000,00 EUR
Sondereinzelkosten des Vertriebs	5 000,00 EUR	–

Gemeinkosten	Fix	Variabel
Materialstelle	2 000,00 EUR	1 500,00 EUR
Fertigungsstelle Warnlampe „Mini“	18 000,00 EUR	14 000,00 EUR
Fertigungsstelle Warnlampe „Maxi“	53 000,00 EUR	35 000,00 EUR
Verwaltungs- und Vertriebsstelle	25 000,00 EUR	–

Hergestellt wurden 2 100 Warnlampen „Mini“, die zu 55,00 EUR/Stück, und 3 500 Warnlampen „Maxi“, die zu 85,00 EUR/Stück verkauft wurden. Auf beide Produkte wurden 15 % Rabatt gewährt.

Arbeitsaufträge:

1. Zeigen Sie mithilfe der **Vollkostenrechnung**, ob die Vermutung der Geschäftsleitung bezüglich der Warnlampe „Mini“ zutrifft.

   Kalkulieren Sie mit einem Materialgemeinkostenzuschlagssatz von 5 % und einem Verwaltungs- und Vertriebsgemeinkostenzuschlagssatz von 8 %.

Ergebnis bei Vollkostenrechnung	
Verbrauch von Fertigungsmaterial	
MGK 5 %	
Fertigungslöhne	
FGK ( )	
= Herstellkosten	
VerwGK/VertrGK 8 %	
SEK des Vertriebs	
= Selbstkosten	
Bruttoverkaufserlöse	
15 % Rabatt	
= Nettoverkaufserlöse	
Selbstkosten	
= Gewinn/Verlust	

2. Stellen Sie eine **Deckungsbeitragsrechnung für beide Produkte** auf.

   Beurteilen Sie das Ergebnis dahingehend, ob die Warnlampe „Mini“ aus der Produktion genommen werden sollte.

   Verteilen Sie die variablen Materialgemeinkosten auf die Produkte Warnlampe „Mini“ und Warnlampe „Maxi“ im Verhältnis 1 : 2.

Ergebnis bei Teilkostenrechnung

	Warnlampe „Mini“	Warnlampe „Maxi“
Bruttoverkaufserlöse		
15 % Rabatt		
= Nettoverkaufserlöse		
variable Kosten		
Sondereinzelkosten des Vertriebs		
Verbrauch von Fertigungsmaterial		
Fertigungslöhne		
Materialgemeinkosten variabel		
Fertigungsgemeinkosten variabel		
= Deckungsbeitrag		

3. Begründen Sie, ob die Jürgen Engel KG die Produktion der Warnlampe „Mini“ einstellen sollte. Ziehen Sie zur Lösung der Aufgabe Ihre Ergebnisse aus den Arbeitsaufträgen 1. und 2. der Situation 2 heran.

4. Erläutern Sie, was man unter einem **Deckungsbeitrag** und einer **Gewinnschwelle** versteht.

Deckungsbeitrag	
Gewinnschwelle (Break-even-Point)	

Situation 3:

Die Bremer Metallwaren AG als Zulieferer der Soester Büromöbel AG stellt verschiedene Kleinteile (Beschläge, Schlösser usw.) her. In der letzten Abrechnungsperiode ergaben sich neben den Fixkosten in Höhe von 157 570,00 EUR folgende Eurowerte:

Erzeugnis	Absatz in Stück	Nettoverkaufspreis/ Stück (EUR)	Variable Kosten/ Stück (EUR)	Deckungsbeitrag/ Stück (EUR)	Nettoverkaufserlöse gesamt (EUR)	Variable Kosten gesamt (EUR)
A	7 000	9,20	5,00	4,20	64 400,00	35 000,00
B	10 300	6,00	4,20	1,80	61 800,00	43 260,00
C	12 500	8,30	3,80	4,50	103 750,00	47 500,00
D	9 200	10,10	5,30	4,80	92 920,00	48 760,00
E	6 200	8,20	4,30	3,90	50 840,00	26 660,00
F	4 200	12,30	7,10	5,20	51 660,00	29 820,00

Arbeitsaufträge:

1. Berechnen Sie den gesamten Deckungsbeitrag in EUR und in Prozent auf die Nettoverkaufserlöse und erläutern Sie die Aussagekraft des berechneten Prozentsatzes.

   Nettoverkaufserlöse insgesamt

   variable Kosten insgesamt

   = Deckungsbeiträge (gesamt)

   Ergebnis:

2. Berechnen Sie, bei welchem Umsatzrückgang das Unternehmen bei sonst gleichen Bedingungen keinen Gewinn mehr erzielt, d. h. der Gesamtumsatzerlös die Gewinnschwelle erreicht.

   Nettoverkaufserlöse insgesamt

   Kosten insgesamt (   )

   = Gewinn/Verlust

   Ergebnis:

Situation 4:

Die Sport-Burr KG stellt auch Ski- und Snowboardhelme her. Ein Helm wird für 80,00 EUR verkauft. Bei vollkommener Ausnutzung der Kapazität können insgesamt 500 Helme produziert werden. Die Produktion erfolgt nur nach Bestellung. Die Kostenstruktur verläuft linear.

Die Fixkosten betragen 10 000,00 EUR/Monat. Die variablen Stückkosten betragen konstant 40,00 EUR.

Arbeitsaufträge:

1. Ergänzen Sie die folgende Tabelle.

Menge	Gesamtkosten			Stückkosten			Gesamterlös	Gesamt-	
x	K_{fix}	K_v	K	k_{fix}	k_v	k	E	gewinn	verlust
100									
200									
300									
400									
500									

2. Berechnen Sie die Gewinnschwelle.

3. Berechnen Sie, bei welcher Produktionsmenge ein Gewinn von 3 520,00 EUR erzielt wird.

4. Stellen Sie die Gewinnschwelle der Sport-Burr KG grafisch dar.

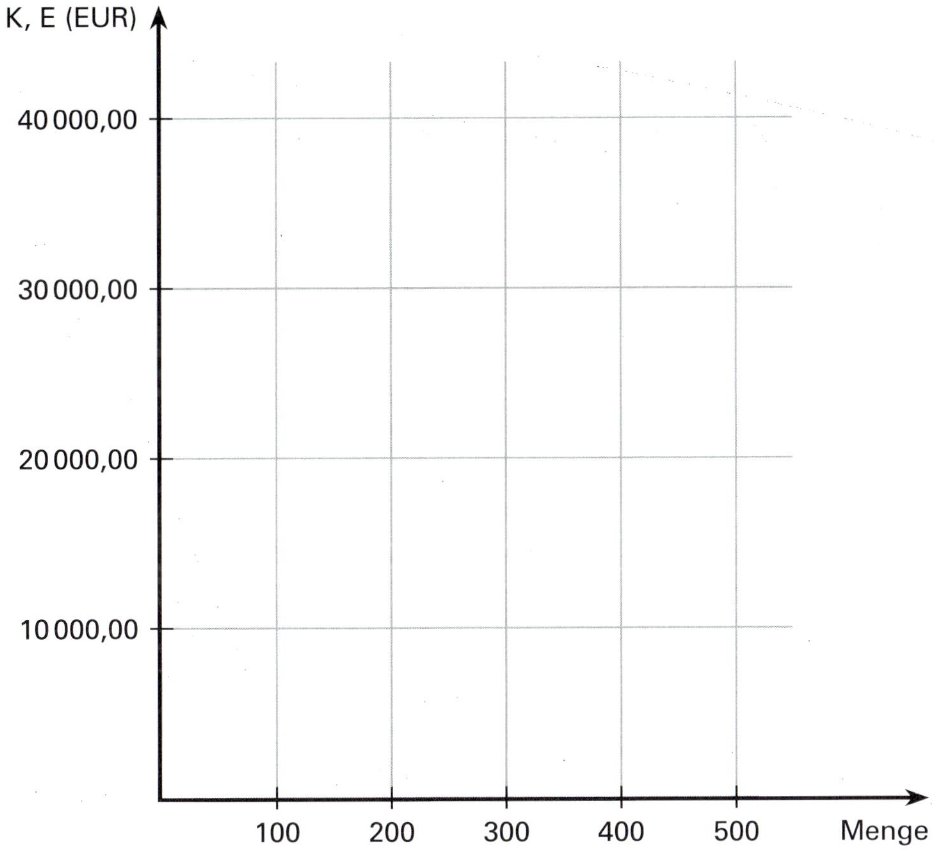

Schulbuch S. 405–418

14 Deckungsbeitragsrechnung II – Preisuntergrenze bestimmen und Produktionsprogramm optimieren

Situation:

Der Vertreter Felix Pollmeier von der Weber Metallbau GmbH betritt ganz aufgeregt das Büro von Geschäftsführer Hans-Jörg Weber.

Weber Metallbau GmbH

Felix Pollmeier wendet sich sofort an Hans-Jörg Weber mit den Worten: *„Also nun muss endlich etwas passieren. Im Absatzgebiet 3, das ich seit geraumer Zeit betreue, gibt es zunehmend Probleme damit, dass unsere Kunden die angebotenen Preise nicht mehr akzeptieren. Erst Montag hat mir die Westmoor KG unmissverständlich mitgeteilt, dass sie sich einen anderen Anbieter suchen wird, falls wir bei den Angebotspreisen nicht mehr Entgegenkommen zeigen. Ich brauche deshalb unbedingt mehr Handlungsspielraum, um gerade solchen Kunden bessere Preise anbieten zu können."*

Hans-Jörg Weber beruhigt den sichtlich aufgebrachten Herrn Pollmeier und sichert ihm zu, dass er bis Ende der Woche neue Vorgaben der Geschäftsleitung erhalte. Mit dieser Auskunft gibt sich Felix Pollmeier zunächst zufrieden und verabschiedet sich zu einem weiteren Kundengespräch. Hans-Jörg Weber bittet seine Mitarbeiterin Lisa Fischer, ihm die Unterlagen über das Absatzgebiet 3 und die Warengruppen von Felix Pollmeier zu besorgen. Mit den Worten: *„Na, da müssen wir ja wohl mal die Preisuntergrenzen berechnen und Herrn Pollmeier Vorgaben im Hinblick auf ein Deckungssoll machen"*, verabredet sich Hans-Jörg Weber mit Lisa Fischer für den Nachmittag, um genau diese Arbeiten zu erledigen.

Arbeitsaufträge:

1. Informieren Sie sich in Ihrem Schulbuch über die Berechnung und die **Bedeutung von Preisuntergrenzen.**

2. Eine Warengruppe, die Felix Pollmeier vertritt, sind Spezialscheren für Handwerker. Zurzeit können 2000 Scheren hergestellt werden.

   Für die **Berechnung der Preisuntergrenzen** für das Programm „Handwerker-Scheren" liegen Hans-Jörg Weber und Lisa Fischer die folgenden Zahlen aus der Kostenrechnung vor:

   Die Gesamtkosten im Monat Juni betragen 28920,00 EUR, die variablen Stückkosten sind mit 9,20 EUR je Stück angegeben. Alle 2000 Stück wurden am Markt zu einem Nettoverkaufserlös von 20,20 EUR/Stück abgesetzt.

   2.1 Berechnen Sie die Fixkosten.

   2.2 Ermitteln Sie das Betriebsergebnis für den Monat Juli.

2.3 Bestimmen Sie den Deckungsbeitrag je Stück.

2.4 Weisen Sie nach, bei welchem EUR-Betrag die absolute Preisuntergrenze liegt.

2.5 Stellen Sie fest, bei welchem EUR-Betrag die langfristige Preisuntergrenze liegt.

3. Bearbeiten Sie für eine Schokoladenfabrik, unter Berücksichtigung der Angaben des folgenden Informationsblattes, das Arbeitsblatt auf S. 184.

Informationsblatt:

Eine Schokoladenfabrik stellt vier Sorten Schokolade her (A, B, C, D). Für alle vier Sorten wird Kakao benötigt, der jedoch aufgrund von Ernteausfällen nur in beschränktem Umfang bezogen werden kann. Die Einkaufsabteilung erhielt insgesamt 960 kg Kakao zu 36,00 EUR/kg. Im vergangenen Quartal konnten von jeder Schokoladensorte 30 000 Tafeln zu je 100 g abgesetzt werden.

Die folgende Tabelle enthält (je 100-g-Tafel) die benötigte Menge Kakaobutter (in Gramm), die Summe der übrigen variablen Kosten und die Nettoverkaufspreise:

Sorte	Menge Kakao	Übrige variable Kosten	Nettoverkaufspreis
A	30 g	1,20 EUR	2,82 EUR
B	20 g	1,44 EUR	2,76 EUR
C	5 g	1,80 EUR	2,10 EUR
D	10 g	1,08 EUR	1,92 EUR

Aufgaben:

3.1 Berechnen Sie die gesamten variablen Kosten je 100-g-Tafel.

3.2 Berechnen Sie den Deckungsbeitrag je 100-g-Tafel.

3.3 Ermitteln Sie den Deckungsbeitrag je Engpasseinheit.

3.4 Stellen Sie das **gewinnoptimale Produktionsprogramm** auf.

Arbeitsblatt:

	zu 3.1	zu 3.2	zu 3.3
Sorte	**Gesamte variable Kosten je Tafel**	**DB je Tafel**	**DB/Engpasseinheit**
A			
B			
C			
D			

Berechnung:

Reihenfolge nach dem DB/Engpass: ____________________

zu 3.4	Tafeln	Erforderliche Kakaobutter
A		
B		
C		
D		

4. Bearbeiten Sie für die Soester Büromöbel AG unter Berücksichtigung der Angaben des folgenden Informationsblattes das nachfolgende Arbeitsblatt.

Informationsblatt:

Die Soester Büromöbel AG hat ihre Produktpalette um einen Zustellhocker mit dem Markennamen „Boy“ erweitert. Das Produkt „Boy“ wird als Standardversion vertrieben. Im vergangenen Geschäftsjahr verkaufte die Soester Büromöbel AG ausschließlich im Inland über den Fachhandel 56000 Zustellhocker mit einem durchschnittlichen Nettoverkaufserlös von 25,00 EUR je Stück.

In einer Sitzung der Geschäftsleitung behauptet der Leiter des Rechnungswesens, dass „Boy“ ein Flop sei; die anderen Produkte müssten „Boy“ mitfinanzieren. Zum Beweis seiner Aussage legt er folgende Kostenanalyse aus dem vergangenen Geschäftsjahr vor:

Gesamte variable Kosten für „Boy“:	812000,00 EUR
Fixe Kosten der Produktions- und Verpackungsmaschinen, die ausschließlich dem Produkt „Boy“ zuzuordnen sind:	388000,00 EUR
Von den Fixkosten des Unternehmens wurden im Rahmen der Vollkostenrechnung auf das Produkt „Boy“ verteilt:	700000,00 EUR

Aufgaben:

4.1 Prüfen Sie rechnerisch, ob es falsch war, „Boy“ in das Produktionsprogramm aufzunehmen.

4.2 Nennen Sie Argumente, die unabhängig von Kostengesichtspunkten dagegen sprechen könnten, das Produkt „Boy“ aus dem Produktionsprogramm zu nehmen.

4.3 Im Exportbereich ließe sich ein zusätzlicher Absatz von 22000 Zustellhockern „Boy“ pro Jahr bei einem Nettoverkaufserlös von 18,50 EUR pro Stück erzielen.

Begründen Sie, ob die Soester Büromöbel AG unter dem Gesichtspunkt der Gewinnmaximierung diese Strategie der Preisdifferenzierung realisieren sollte.

Arbeitsblatt:

Zu 4.1: Vollkostenrechnung

Nettoverkaufserlöse insgesamt (_______________) _______________

Gesamtkosten

variable Kosten _______________

fixe Kosten der Spezialmaschine _______________

anteilige unternehmensfixe Kosten _______________

= Gewinn/Verlust _______________

Begründung:

____

____

____

____

____

Teilkostenrechnung

Nettoverkaufserlöse insgesamt
variable Kosten
= Deckungsbeitrag I
fixe Kosten der Spezialmaschinen
= Deckungsbeitrag II

Begründung:

Zu 4.2:

Zu 4.3: Nettoverkaufserlöse pro Stück im Auslandsgeschäft
variable Kosten je Stück ( )
= Deckungsbeitrag

Begründung:

15 Deckungsbeitragsrechnung III – übergreifende Übungsaufgaben

Schulbuch S. 401–418

Hinweis:

Die nachfolgenden Übungsaufgaben verbinden unterschiedliche Themengebiete der Deckungsbeitragsrechnung. Sie sollen dazu beitragen, das Verständnis für die unterschiedlichen Anwendungsmöglichkeiten dieses Kostenrechnungssystems zu vertiefen.

Situation 1:

Eine feinmechanische Fabrik stellt u. a. die Produkte A, B und C her. Von Produkt A werden monatlich 300 Stück produziert und zum Stückpreis von 200,00 EUR verkauft. Die variablen Stückkosten betragen 110,00 EUR. Von Produkt B werden ebenfalls 300 Stück produziert und verkauft. Der Verkaufspreis beträgt 180,00 EUR, die variablen Stückkosten betragen 120,00 EUR. Von Produkt C werden 150 Stück verkauft zum Stückpreis von 160,00 EUR bei variablen Kosten von ebenfalls 160,00 EUR je Stück. Es muss sogar mit einem Preisrückgang beim Produkt C gerechnet werden. Wird das Produkt C jedoch aus dem Programm genommen, so führt dies zu einem Absatzrückgang von jeweils einem Drittel bei A und B.

Arbeitsaufträge:

1. Berechnen Sie, bis zu welchem Nettoverkaufserlös das Produkt C im Programm bleiben muss.

Ergebnis **vor** Einstellung von C:

Produkt	Menge/Stück	DB/Stück	Gesamt-Deckungsbeitrag
A			
B			
C			

Ergebnis **nach** Einstellung von C:

Produkt	Menge/Stück	DB/Stück	Gesamt-Deckungsbeitrag
A			
B			
C			

Ergebnis: Das Produkt C bleibt bis zu einem Nettoverkaufserlös in Höhe von ______________ im Programm.

2. Ein Kunststoffteil für das Produkt A wird bei einer jährlichen Abnahme von 10800 Stück zum Stückpreis von 3,00 EUR bezogen.

   Ermitteln Sie, bei welchem Jahresbedarf die Eigenproduktion rentabel wäre, wenn die variablen Stückkosten 0,60 EUR betragen und zusätzliche Fixkosten von 18000,00 EUR entstehen.

3. Ein Produkt D wird von einem Industriebetrieb für einen bestimmten Abnehmer hergestellt. Der Stückpreis beträgt 408,00 EUR. Die variablen Kosten betragen 264,00 EUR. In der Montageabteilung, die einen Engpass darstellt, hat D eine Verweildauer von 0,5 Stunden. Ein Konkurrent des bisherigen Abnehmers möchte diesen verdrängen. Er fordert allerdings einige konstruktive Veränderungen, wodurch sich die variablen Kosten um 12,00 EUR je Stück reduzieren würden. Die Verweildauer in der Montage würde auf 0,4 Stunden sinken.

   Berechnen Sie, welchen Stückpreis der neue Abnehmer bezahlen müsste, wenn das Ergebnis des Industriebetriebes mindestens so gut sein solll wie bisher.

Deckungsbeitrag von D:

Nettoverkaufserlös/Stück ______

variable Kosten ______

= Deckungsbeitrag absolut ______

Relativer Deckungsbeitrag = absoluter Deckungsbeitrag : Produktionszeit

= ______ = ______

Absoluter Deckungsbeitrag = relativer Deckungsbeitrag · Produktionszeit

= ______ · ______ = ______

D (neu):

Stückpreis ______

variable Kosten (______) ______

= Deckungsbeitrag ______

Situation 2:

Die Biotest AG stellt Messgeräte aller Art her. Im Bereich Medizintechnik bietet das Unternehmen zwei Arten von Messgeräten (Typ A bzw. Typ B) an, die sich in ihrem Herstellverfahren jedoch stark unterscheiden. Insbesondere beim Typ A hat der Konkurrenzdruck stark zugenommen. Der Marktpreis liegt hier bei 1 250,00 EUR. Das gesamte Marktvolumen beträgt 10 000 Stück/Monat. Im Dezember lag der Marktanteil nur noch bei 5 %, die Fertigungskapazität hingegen bei 1 000 Stück/Monat.

Die Kostensituation für den Typ A stellte sich in den letzten 3 Monaten wie folgt dar:

Monat	Erzeugte und verkaufte Menge	Gesamtkosten
Oktober	900 Stück	900 000,00 EUR
November	700 Stück	800 000,00 EUR
Dezember	500 Stück	700 000,00 EUR

Arbeitsaufträge:

1. Ermitteln Sie rechnerisch die Fixkosten, die Nutzenschwelle (Break-even-Point) und das Gewinnmaximum.

2. Bestimmen Sie die lang- und kurzfristige Preisuntergrenze auf der Basis des Monats Dezember, und beurteilen Sie die Kostensituation der Biotest AG.

3. Erläutern Sie drei Maßnahmen, durch welche die Biotest AG aus eigener Kraft ihre Chancen am Markt verbessern könnte.

➤ ______________________________

➤ ______________________________

➤ ______________________________

Situation 3:

Eine Lebkuchenfabrik stellt in einem Zweigwerk drei Sorten Lebkuchen her (A, B und C). Für die vergangene Periode liegen folgende Zahlen vor:

Erzeugnis	Erzeugte und verkaufte Menge in kg	Nettoverkaufserlös in EUR je kg	Variable Kosten in EUR je kg
A	14 000	14,00	8,40
B	21 000	16,80	8,40
C	11 200	21,00	9,10

Die Fixkosten betrugen im gleichen Zeitraum 224 000,00 EUR.

Arbeitsaufträge:

1. Berechnen Sie die Deckungsbeiträge der drei Sorten sowie das Betriebsergebnis der vergangenen Rechnungsperiode.

	A	B	C	Summe
Nettoverkaufserlöse variable Kosten				
Deckungsbeitrag Fixkosten				
= Betriebsergebnis				

2. Analysieren Sie das Ergebnis.

3. Ermitteln Sie, wie weit der Gesamterlös – bei gleichen Produktrelationen – zurückgehen könnte, bis kein Betriebsgewinn mehr entsteht.

4. Die Kostenstelle „Verpackung“ stellt einen Engpass dar. Sie wird von den drei Produkten mit folgenden Zeiten beansprucht:

   A: 2 Min./kg, B: 1,5 Min./kg, und C: 6 Min./kg.

   Erläutern Sie, welche Bedeutung dies für die Disposition der Unternehmensleitung hat.

	A	B	C
DB/kg			
Min./kg			
DB/Min.